W0047160

HISTORISCHE REISE
DURCH DIE
SCHLESISCHEN GEBIRGE

MELCHIOR
Historischer Verlag

Wölfelsgrund. Blick zum Sanatorium

HISTORISCHE REISE
DURCH DIE
SCHLESISCHEN GEBIRGE

Eine romantische Reise
in eine unvergessene Vergangenheit

von Holger Tümmler

M
© Melchior Verlag
Wolfenbüttel
2013
ISBN: 978-3-944289-28-1
www.melchior-verlag.de

Riesengebirge. Im Riesengrund

Blick auf Krummhübel und die Schwarze Koppe

INHALTSVERZEICHNIS

Die Schwarzschlagbaude mit Blick zur Schneekoppe

Kynast – vom Höllengrund aus gesehen

Bad Reinerz. Schmelzetal

Görlitz. Felsdurchstich der Görlitz – Zittauer Bahn am Schützenhaus

Riesengebirge. Die alte und neue Schlingelbaude

VORWORT

Liebe Leserinnen, lieber Leser!

Begleiten Sie mich auf einer romantischen und unvergesslichen Reise durch die schlesische Bergwelt. Dafür begeben wir uns rund einhundert Jahre zurück und erkunden die Gebirge wie sie sich den Besuchern gezeigt haben, als Deutschland noch von einem Kaiser regiert wurde.

In der wilhelminischen Kaiserzeit sind die schlesischen Gebirge die höchsten und großartigsten aller deutschen Mittelgebirge – nur die bayerischen Alpen haben höhere Berge und eindrucksvollere Berglandschaften vorzuweisen.

Riesengebirge. Spindelmühl

Anfang des 20. Jahrhunderts sind bereits große Teile der schlesischen Berge für den Fremdenverkehr erschlossen, und in Reiseführern dieser Zeit ist oft das Kürzel „Z.L.B" [Zimmer mit Licht und Bedienung] zu finden. Wie die schlesischen Gebirge mit ihren schmucken Städten und malerischen Dörfern vor einhundert Jahren ausgesehen haben, zeigen Ihnen die alten Bilder und Karten, die ich für Sie zu unserer gemeinsamen Zeitreise zusammengestellt habe. Vieles ist in der Zwischenzeit untergegangen, zerfallen, abgerissen oder im Zweiten Weltkrieg zerstört worden. Gerade deshalb werden für alle, die sich für Schlesiens Bergwelt und seine Geschichte begeistern, diese alten Abbildungen von besonderem Interesse sein.

Wie hat es in Schlesiens Gebirgen, seinen Städten und Bergdörfern vor rund einhundert Jahren ausgesehen? Steht das prachtvolle Haus nicht noch heute?

Und dieser herrliche Gebirgspfad? Ist auf ihm vielleicht schon der schlesische Dichter Gerhard Hauptmann gewandert?

Gebirgspfad im Riesengebirge

DIE SCHLESISCHEN LANDSCHAFTEN

In Schlesien lassen sich drei Höhenstufen unterscheiden: Die Ebene, das Vorgebirgsland und die Sudeten. Unser Ausflug wird uns durch die Vorgebirgslandschaften und durch die einzelnen Gebirgszüge der Sudeten führen.

Die schlesischen Vorgebirgslandschaften stehen in engem geologischen Zusammenhang mit den Sudeten, und so bezeichnet man diese gern als „Vorposten des Gebirges". Die Vorgebirge erstrecken sich längs der Sudeten bis hin zur Katzbach und werden durch Neiße, Ohle, Lohe und Weistritz in fünf Gruppen eingeteilt.

Durch das Bober-Katzbach-Gebirge [sowie von seinen nördlichen Ausläufern von diesen Landschaften] getrennt, ist das Hügelland der Oberlausitz dem Isergebirge vorgelagert.

Danach folgen:

1. Die Striegauer Berge, die sich zusammen mit ihrer weiteren Umgebung zwischen Weistritz und Katzbach ausbreiten.
2. Das Zobtengebirge zwischen Lohe und Weistritz.
3. Das Frankenstein-Nimptscher Bergland zwischen Ohle und Lohe, das geologisch mit dem Strehlen-Münsterberger Bergland zusammenhängt.
4. Das Strehlen-Münsterberger Bergland zwischen Glatzer Neiße und Ohle, dessen geologischer Mittelpunkt sich im Rummelsgebirge befindet.
5. Das Oberschlesische Bergland der linken Oderseite, das eine hügelige Ausstrahlung des Gesenkes darstellt und von Landeck an der Oder bis zur Glatzer Neiße reicht.

Das Bergland der rechten Oderseite wird durch die Weida in zwei geologisch verschiedene Gebiete geteilt: In das Oberschlesische Hügelland und in den Schlesisch-Polnischen Landrücken.

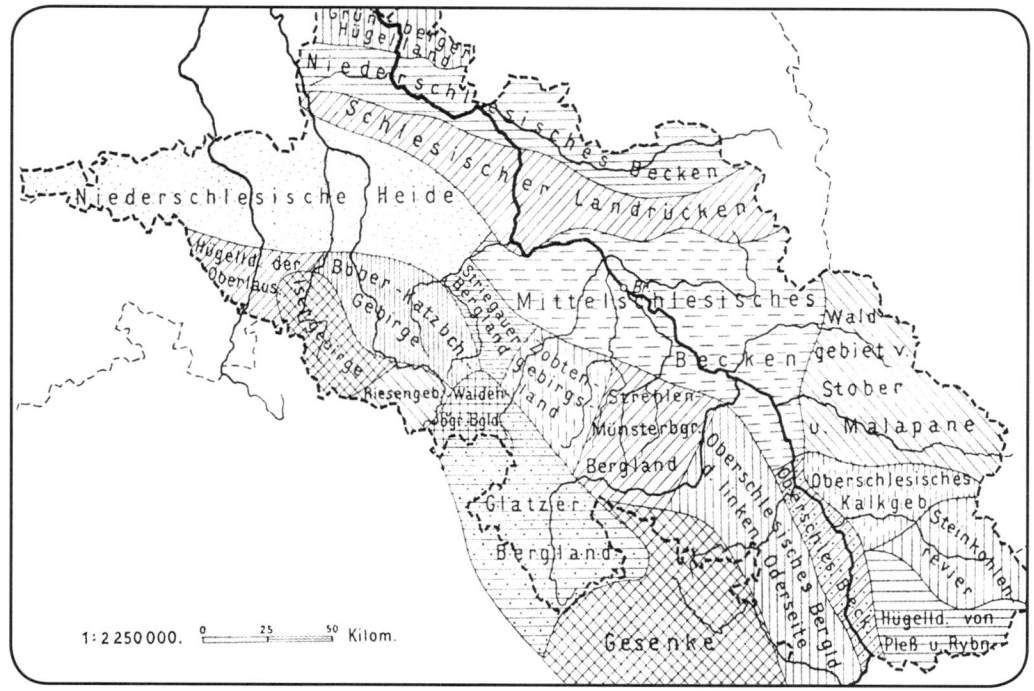

Die schlesischen Landschaften

15

Schneekoppe und Umgebung

DIE SUDETEN

Die schlesischen Gebirge sind Teil des großen Sudetengebirges. Dieses reicht von der Mährischen Pforte an der Oder bis zur Lausitzer Neiße. Ihre Hauptrichtung verläuft von SO nach NW. Das Gebirge ist ungefähr 300 km lang und zwischen 30 und 60 km breit. Meist verläuft es in mehreren parallelen Zügen, von denen Hochtäler eingeschlossen werden [wie z. B. das Hirschberger Hochtal u.a.].

Querseiffen. Bergschloss mit Blick zur Schneekoppe

Der Name für das Gesamtgebirge – „Sudeten" – geht auf den gern als „Lehrer Deutschlands" bezeichneten Philipp Melanchthon [* 1497, † 1560] zurück. Doch bei der Bevölkerung ist dieser Name nur wenig in Gebrauch. Von ihr werden oft nur die Namen der Einzelgebirge benutzt: Mährisches Gesenke, Glatzer Gebirge, Waldenburger Gebirge, Riesengebirge und Isergebirge.

DIE SCHLESISCHE BERGWELT

Die Schönheit der schlesischen Bergwelt hat bereits vor langem zahlreiche Ausflügler angelockt. Der Strom der Urlauber ist später noch verstärkt worden, als eine Eisenbahnstrecke bis an das eigentliche Gebirge herangeführt und mehrere Nebenbahnen bis in einzelne Täler gebaut wurden [Hirschberg – Petersdorf – Grüntal, Hirschberg – Schmiedetal – Landeshut und Zillertal – Krummhübel].

Dadurch blühte der Fremdenverkehr gewaltig auf, und überall entstanden große Gasthäuser. Besonders am Nordfuß des Riesengebirges erstreckte sich nun ein regelrechter Kranz von Sommerfrischen. Die meisten Bauden, die vormals dem Wanderer nur karge Unterkunft und Erfrischungen zu bieten hatten, wurden in bequeme Gasthäuser und Hotels umgewandelt. Auch bot man jetzt in zahlreichen Häusern der Gebirgsdörfern „Sommerwohnungen" an und überall entstanden große „Logierhäuser", die den Sommergästen preiswerte Unterkünfte bereitstellten.

Nur allein im Jahr 1910 besuchen mehr als 50.000 Urlauber das Riesengebirge. Speziell für diese erscheint die Zeitschrift „Der Wanderer im Riesengebirge", worin über alles Neue und Wissenswerte im Riesengebirge informiert wird.

Auch verdienen nun viele Einheimische als Gebirgsführer, Träger, Sänftenträger und Eseltreiber im Fremdenverkehrswesen ihr monatliches Auskommen oder zumindest ein Zubrot – und der Verkauf von Andenken wie Holz- und Glaswaren, Papparbeiten und Fotografien spülen Geld in so manche karge Familienkasse.

Schon zum Ende des 19. Jahrhunderts wird ständig an der Verbesserung der Wege in den schlesischen Gebirgen gearbeitet, sodass viele davon schon fast den Charakter eines Promenadenweges annehmen.

Die Schneekoppe vom Koppenplan

Riesengebirge. Die Josephinenhütte

Diese eignen sich für Ausflüge mit dem Pferdewagen. Einspänner kosten für einen ganzen Tag 10 Mark, Zweispänner 15 Mark. Reitpferde sind an allen Hauptstandplätzen [darunter Schmiedeberg, Seidorf, Hermsdorf und Josephinenhütte] zu mieten. Mit Führer kostet ein Reitpferd täglich 9 Mark, dazu kommen noch Trinkgelder und eine Rückwegentschädigung.

Geübte Wanderer finden sich auf den [meist gut ausgeschilderten] Wegen fast überall allein zurecht. Doch besonders für spezielle Strecken durch das Riesengebirge empfiehlt es sich, einen kundigen Wander- oder Bergführer zu engagieren.

Denn das Riesengebirge zeigt, wie keines der deutschen Mittelgebirge sonst, einen ausgeprägten alpinen Charakter, sodass man sich auf der Höhe des vegetationslosen Kammes in kühler, stark bewegter und mäßig trockener Luft oftmals recht mühsam vorankämpfen muss.

Bei den im Riesengebirge üblichen schnellen Witterungswechseln und plötzlichen Nebeln ist dann ein ortskundiger Führer durchaus sinnvoll. Ein einheimischer Bergführer kostet pro Tag 5 Mark. Einen Anspruch auf Verpflegung besteht für den nützlichen Begleiter in der Regel nicht, doch ist es üblich geworden, eine solche auszugeben.

WINTERSPORT IN DEN GEBIRGEN

In der schneereichen Jahreszeit zieht es immer mehr Sportler in die schlesischen Gebirge. Veranstaltet werden vor allem Sportschlittenfahrten, aber auch das Skilaufen wird von Jahr zu Jahr beliebter.

Ein schon recht altes Vergnügen ist das Hörnerschlittenfahren. Dabei lassen sich dick eingemummte Schlittenfahrer/innen mit ihrem Schlitten stundenlang von einem Pferd den Berg hinaufziehen. Oben angekommen sausen sie dann mit ihrem Gefährt, das stets von einem erfahrenen Steuermann gelenkt werden muss, pfeilschnell den Berg wieder hinab.

Wintersportler im Riesengebirge bei der Hampelbaude

Durch das winterliche Sportvergnügen werden die Bauden auch zu der kalten Jahreszeit von immer mehr Gästen aufgesucht, sodass sich für viele Einheimische weitere Verdienstmöglichkeiten eröffnet haben.

In der Nacht vom 31. März zum 1. April 1906 geriet die Hampelbaude in Brand, und bei der großen Entfernung zum Tal kam die Hilfe der herbeieilenden Feuerwehren zu spät, sodass die Baude vollständig niederbrannte. Der daraufhin ausgeführte Neubau vereinigte dann den modernen Baustil eines Berghotels in alter Baudenform vorzüglich. Die Baude verfügte über 50 Fremdenzimmer mit 90 Betten, ein Massenlager, Zentralheizung, Restaurant und Café.

Abendlicht auf den Grenzbauden

Riesengebirge. Große Schneegrube mit Baude und dem Hohen Rad

Riesengebirge. Weißwassergrund

Görlitz. Neiße mit Viadukt

DER REISEBEGINN

Weil wir es uns bei der romantischen Reise durch die eindrucksvollen schlesischen Gebirge nicht allzu schwer machen wollen, beginnen wir den Ausflug von Görlitz aus. Dort steigen wir in den Zug Richtung Glatz und erkunden – von den einzelnen Stationen aus – nach und nach die jeweiligen Gebirgslandschaften.

Die Eisenbahnstrecke von Görlitz über Lauban nach Hirschberg

DAS GÖRLITZER BERGLAND

Das Hügelland der Oberlausitz besteht aus einer Reihe von schmalen Hochflächen, die sich von Süden nach Norden allmählich absenken. Sie bilden die Wasserscheide zwischen den Flüssen, die in dieselbe Richtung fließen. Im Süden grenzt das Görlitzer Hügelland an die Vorberge des Isergebirges.

Als Grenze hierzu gilt eine Reihe von Basaltbergen, die sich von Lauban aus am linken Ufer des Queis nach Süden hinziehen, sich dann nordwestlich von Marklissa nach Westen wenden, um bei Schönberg zu enden.

Görlitz. Hauptbahnhof

Die auffälligste Wasserscheide befindet sich zwischen der Lausitzer Neiße und dem Weißem Schöps. Sie beginnt im Süden mit den Jauernicker Bergen [393 m] und weist als höchste Erhebung die Landeskrone [420 m] auf. Am weitesten nördlich liegt der Geiersberg.

Zwischen dem Weißen und dem Schwarzen Schöps erheben sich die Königshainer Berge, die dicht bewaldet sind. Unter ihnen steigen die Kämpferberge und der Hochstein bis zu 400 m an. Aus der Wasserscheide westlich vom Schwarzen Schöps, der in der Nähe des Paulsdorfer Spitzberges entspringt [366 m], hebt sich der Rotstein empor.

[Das ganze Gebiet links der Neiße bildet die Wasserscheide zwischen Nord- und Ostsee].

GÖRLITZ

Görlitz [221 m ü. d. M.] liegt an der Lausitzer oder Görlitzer Neiße und ist Stadt und Stadtkreis im preußischen Regierungsbezirk Liegnitz. Im Jahr 1900 leben, einschließlich der 2 Bataillone Infanterie Nr. 19, in der Stadt 80.931 Einwohner, darunter 11.462 Katholiken.

Die Industrie von Görlitz ist recht bedeutend. Neben Tuch-, Orleans-, Halbwoll-, Baumwoll- und Leinenfabrikation sind besonders die Eisenbahnwaggonfabrik sowie die

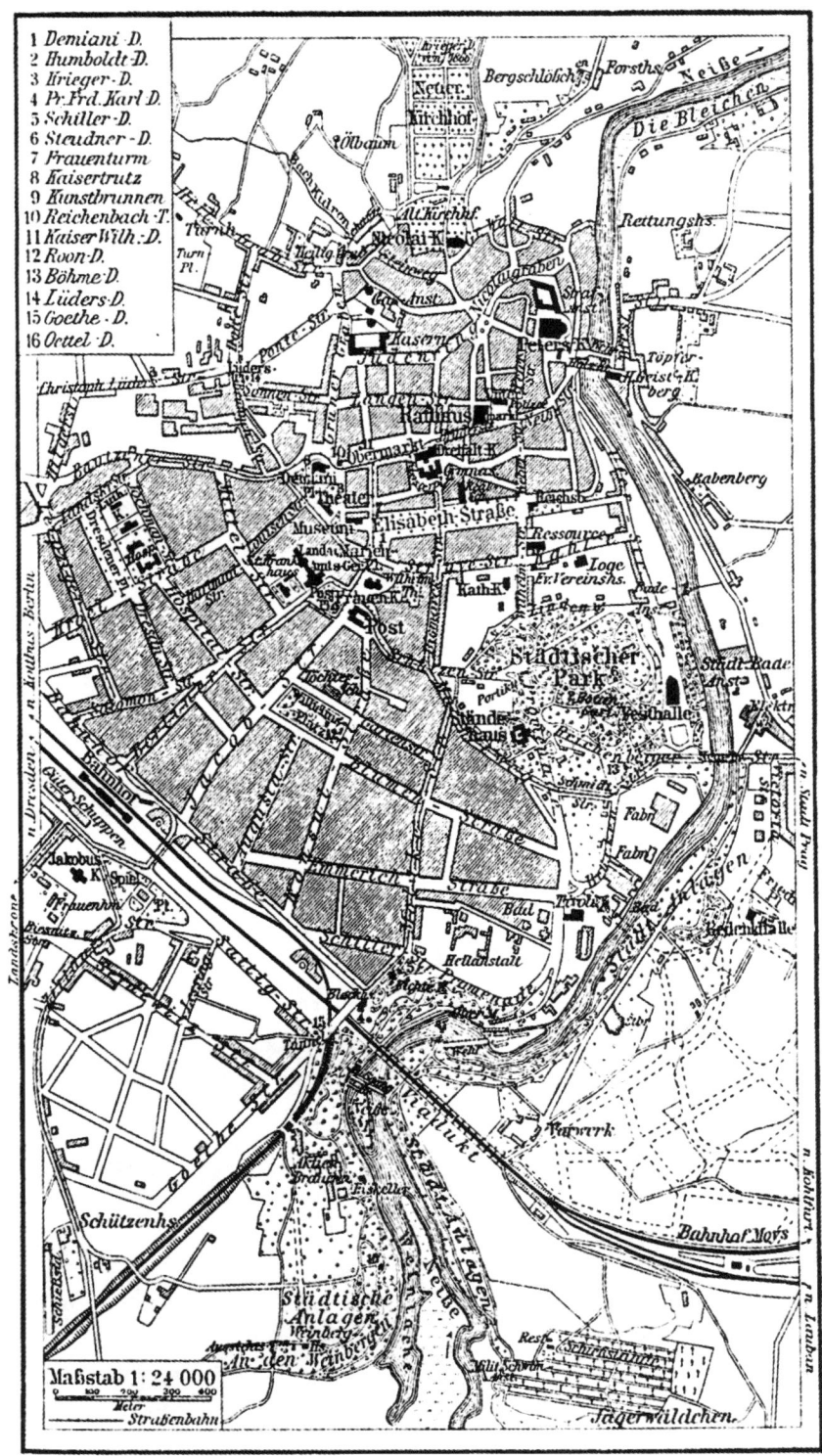

Stadtplan von Görlitz

Görlitzer Maschinenbauanstalt [mit 1.100 Arbeitern] zu nennen. Auch für den Handel und für Speditionsgeschäfte ist die Stadt von größerer Bedeutung.

Görlitz ist Knotenpunkt mehrerer preußischer bzw. sächsischer Staatsbahnlinien. Innerhalb der Stadt verkehrt eine elektrische Straßenbahn, ansonsten stehen Ausflüglern und Einheimischen ausreichend Droschken zur Verfügung.

Für den Reisenden bestehen in Görlitz zahlreiche bequeme Übernachtungsmöglichkeiten. Gleich am Bahnhof befinden sich die Gasthäuser „Vier Jahreszeiten", „Stadt Dresden", „Hohenzollernhof" und „Heidrichs Hotel". Das „Vierjahreszeiten" bietet Zimmer ab 2 Mark an. Ein Frühstück kostet 1 Mark, ein Mittagessen 2 Mark 25. In den anderen Gasthäusern, wie z. B. in „Heidrichs Hotel", sind die Preise günstiger.

Am Postplatz bieten das „Viktoria-Hotel" oder das „Prinz-Friedrich-Karl" Quartiere, am Marienplatz das Gasthaus „Strauß" und in der Berliner Straße der „Kaiserhof". Einfacher dagegen sind der „Braune Hirsch" am Untermarkt sowie das Gasthaus „Stern" in der Luisenstraße.

Auch an Restaurants, Cafés und Gastwirtschaften besteht in Görlitz kein Mangel. Freunde des hellen Gerstensafts werden gern die „Kulmbacher Bierhallen" aufsuchen,

Görlitz. Ansicht der Stadt mit St. Jakobuskirche

Görlitz. Teilansicht

Görlitz. Postplatz

Weinkenner in „Vohlands" Weinstube in der Elisabethstraße einkehren. Für ein exzellentes Mahl ist der „Ratskeller" zu empfehlen. Von den Cafés ist sicherlich das „Café Mehlitz", gleich beim „Viktoria-Hotel", das schönste.

Görlitz gehört zu den reizvollsten und, wegen ihres umfangreichen Waldbesitzes [33.329 ha], auch zu den reichsten Städten des Kaiserreichs. Für gottesdienstliche Zwecke existieren neben den zahlreichen Bethäusern unterschiedlichster Sekten sechs evangelische sowie zwei katholische Kirchen und eine Synagoge.

Sehenswert sind vor allem die gotische St. Peter- und Paulskirche [errichtet zwischen 1423 – 1497] mit zwei stattlichen Türmen, fünf Schiffen und einer Krypta sowie die Dreifaltigkeitskirche mit zahlreichen kunstvollen Holzschnitzereien. Aber auch die Luther-, die Frauen- sowie die katholische Jakobus-Kirche sind eine Besichtigung wert.

Görlitz. Stadttheater und Kaisertrutz

Zu den bedeutendsten weltlichen Gebäuden in Görlitz gehört das alte Rathaus aus dem Jahr 1537 mit seiner eindrucksvollen Bibliothek. [Mit dem Bau eines neuen Rathauses ist 1904 begonnen worden.]

Auch die alte Bastei, Kaisertrutz genannt, und die drei mächtigen Tortürme sollten bei einem Aufenthalt in Görlitz unbedingt aufgesucht werden. Daneben sind das Ständehaus mit seinen schönen Anlagen sowie die Oberlausitzer Ruhmeshalle mit dem Kaiser-Friedrich-Museum lohnenswerte Ziele.

Die herrlichen Promenaden der Stadt erreichen ihren höchsten Punkt im „Blockhaus", wo der Ausflügler in einem Restaurant im Burgenstil einkehren kann. Einen schönen Blick auf die Umgebung gewährt der Aussichtsturm des Weinberghauses. Wer in

Görlitz. Reichenbacherturm

Görlitz. Demianiplatz mit Kaisertrutz

Görlitz einen etwas längeren Aufenthalt eingeplant hat, sollte auch eine Vorstellung der zwei Theater der Stadt besuchen.

Vor der Stadt befindet sich das „Heilige Grab" mit der dazugehörigen Kapelle zum Heiligen Grab [eine Nachbildung des Heiligen Grabes zu Jerusalem] aus den Jahren 1481 – 1489.

Aus der Geschichte von Görlitz

Der Name „Görlitz" ist slawischen Ursprungs. Urkundlich erwähnt wird die Ortschaft erstmals 1071 als Dorf *Gorelitz* im Gau Milsen. Bereits im 12. Jahrhundert erhält der Ort Stadtrecht und wird durch Mauern befestigt. Im Jahr 1346 spielt Görlitz eine führende Rolle im Sechsstädtebund und wird von 1377 – 1396 unter Johann von Görlitz Hauptstadt des Herzogtums Görlitz. Zu Beginn des 15. Jahrhunderts [1429] kann sich die Stadt erfolgreich gegen die Hussiten verteidigen; Kaiser Sigismund verleiht ihr deshalb ein Wappen.

Kaiser Ferdinand I. hingegen nimmt der Stadt 1547 ihre Selbständigkeit, weil diese ihm während des Schmalkaldischen Krieges nicht die gewünschte Hilfe leistet. Im 30jährigen Krieg [1618 – 1648] müssen die Görlitzer Bürger mehrere Erstürmungen und Besetzungen ihrer Stadt hinnehmen. 1635 tritt der Kaiser die Stadt [zusammen mit der Lausitz] an Kursachsen ab. Nach der napoleonischen Zeit [1815] gelangt Görlitz mit einem Teil der Oberlausitz an Preußen.

Die schönen gotischen Kirchen, die stattlichen Tortürme, das prachtvolle Rathaus sowie die große Anzahl von Privathäusern im Renaissancestil in der Neißestraße, am Untermarkt oder in der Brüderstraße zeugen vom einstigen Reichtum der Stadt. Die neueren Stadtteile hingegen zeigen schon das Gepräge einer modernen Großstadt.

Görlitz ist Geburts- und Sterbeort des berühmten Mystikers und Theosophen Jakob Böhme [1575 – 1624]. Über seine dritte Vision verfasste dieser im Jahr 1610 die Schrift „Aurora, oder die Morgenröte im Aufgang", wodurch er sich der Verfolgung aussetzte und vom Görlitzer Magistart Schreibverbot erhielt. Dieses Verbot hielt er sieben Jahre lang ein, fing dann jedoch wieder zu schreiben an und verfasste noch 21 weitere Schriften. Sein Wohnhaus befindet sich an der alten Neissebrücke jenseits des Flusses.

Ausflüge in die Umgebung

An beiden Ufern der Neiße sind in schön gestalteten Anlagen kleinere Spaziergänge zu unternehmen. Am linken Ufer führt der Weg an der Aktienbrauerei vorbei zu den Weinbergen, am rechten Ufer zum hübschen Jägerwäldchen.

Zur Landeskrone, einer rund 420 m hohen Basaltkuppe, die gern auch als das Wahrzeichen von Görlitz bezeichnet wird, fahren Omnibusse vom Bahnhof. Für die etwa einstündige Fahrt sind 30 Pfennig zu entrichten. Auf dem Gipfel des Berges befindet sich ein großes Gasthaus im Burgenstil, von wo aus eine ausgezeichnete Rundumsicht

Görlitz. Blick zur Landeskrone

31

Die Landeskrone bei Görlitz

besteht. Im Hochmittelalter wird auf der Landeskrone eine wichtige Burg angelegt. Sie gehört längere Zeit den in Böhmen und den Lausitzen reich begüterten Herren von Bieberstein. Als die Burg um 1440 in den Besitz der Stadt Görlitz gelangt, wird sie auf Geheiß des Rats geschleift. 1620 nutzt Johann Georg I. von Sachsen die Landeskrone als Beobachtungswarte, 1758 stationiert der österreichische General Esterhazy zwei Husarenregimenter auf dem Gipfel und 1866 besetzt die preußische Heeresführung den Berg im Zuge des Krieges gegen Österreich.

Ende des 18. bzw. Anfang des 19. Jahrhunderts wird der Gipfel als mehr und mehr zum Wohnort umgestaltet. 1796 wird ein Aussichtsturm erbaut. Auf dem Südgipfel der Landeskrone wird im Dezember 1901 die befindliche Bismarcksäule eingeweiht.

In gleicher Richtung der Landeskrone liegen etwas weiter die Jauerniker Berge, die in etwa 2 Stunden Fußmarsch erreicht sind. Dorthin führt auch ein Fahrweg hinauf. Für einen Ausflug in die Königshainer Berge, westlich von Görlitz gelegen, benötigt ein Wanderer ebenfalls 2 Stunden.

Nach Mariental ist mit der Zittauer Bahn über Rosental und Rußdorf zu gelangen. Nur 10 Minuten südwestlich der Ortschaft befindet sich das 1234 gestiftete Zisterzienserinnenkloster St. Mariental, welches im 17. Jahrhundert völlig neu errichtet wurde. Vom Kloster aus führt auf dem linken Ufer der Neiße ein lohnender Wanderweg durch ein Granit-Engtal nach Rosental, das nach 2 Stunden erreicht ist.

Mit dem Zug von Görlitz nach Glatz

Nach unserem Aufenthalt in Görlitz beginnt nun die Reise in die herrliche schlesische Bergwelt mit der Bahn.

Wir besteigen einen Personenzug der preußischen Staatsbahn nach Glatz, der für die 175 km lange Strecke zwischen 5 ¼ und 5 ¾ Stunden benötigt. Je nach Klasse sind zwischen 6 Mark 90 und 13 Mark 80 zu entrichten.

Für Reisende aus Richtung Berlin ist dies die Hauptstrecke in das Riesengebirge.

Görlitz. Das Eisenbahn-Viadukt über die Neiße

Die Gebirgsbahn [sowie auch die Kohlfurter Bahn] überschreitet unmittelbar bei Görlitz auf einem 1843 erbauten Viadukt, 35 m über dem Fluss, das Neißetal. Die großartige Brücke ist 470 m lang und besteht aus 34 Bogen, wobei jeder eine Spannweite von 20 bzw. 26,75 m aufweist. Vom Viadukt besteht ein schöner Ausblick auf das Iser- und Riesengebirge.

Gleich jenseits des Viadukts erreicht die Gebirgsbahn die Station Moys [2 km von Görlitz entfernt] und zweigt dann in Richtung Lauban ab.

MOYS

Moys ist ein Dorf im preußischen Regierungsbezirk Liegnitz, Landkreis Görlitz. Der Ort ist Knotenpunkt der Staatsbahnlinien Kohlfurt – Görlitz und Görlitz – Lauban sowie einer elektrischen Straßenbahn nach Görlitz. Es existieren hier ein Braunkohlewerk, eine Dampfziegelei und eine Brikettfabrik. Außerdem werden im Ort Lederwaren, Militäreffekten, Tuche, Hirschhornwaren, Pappe und Marmorwaren hergestellt. Im Jahr 1905 leben in Moys 2.403 Einwohner, darunter 209 Katholiken.

Bekannt ist Moys durch ein Gefecht vom 7. September 1757. An diesem Tag fiel, eine ¾ Stunde südwestlich von Görlitz entfernt, der Liebling Friedrichs des Großen, der General Hans Karl von Winterfeldt, im Kampf gegen die Österreicher. Später hat man dem General am Holzberg ein Denkmal errichtet.

LAUBAN

Nach Moys läuft der Zug die Station von Hermsdorf an [Der Ortsname „Hermsdorf" ist in den schlesischen Gebirgen mehrfach zu finden] und erreicht bei Kilometerstand 11 den Bahnhof von Nikolausdorf, nach weiteren 8 km den Ort Lichtenau. Bei Kilometerstand 25 dampft der Zug schließlich im Bahnhof von Lauban ein, wo auch die von Kohlfurt kommende Bahnlinie einmündet. In Lauban kann gleich am Marktplatz in den von Reiseführern als „gut bürgerlich" eingestuften Gasthäusern „Bär" oder „Hirsch" eingekehrt werden.

Lauban. Friedrich Wilhelms-Platz und Brüderstraße

Lauban. Steinberghaus

Lauban [214 m ü. d. M.] liegt am linken Ufer des Queis, der bis 1815 die Grenze zwischen Schlesien und der Oberlausitz gebildet hat, und ist Knotenpunkt der Staatsbahnlinien Kohlfurt – Glatz, Görlitz – Lauban sowie Lauban – Marklissa. Im Jahr 1900 hat die Stadt, zusammen mit einem Bataillon Infanterie Nr. 19, 13.793 Einwohner, darunter 2.556 Katholiken.

Neben einer Bierbrauerei geben bedeutende Spinnereien und Webereien sowie eine Fabrik zur Herstellung von Taschentüchern und Tonwaren den Bürgern Arbeit. Außerdem ist in Lauban eine wichtige Eisenbahn-Hauptwerkstätte angesiedelt.

Die Stadt besitzt zwei evangelische Gotteshäuser sowie die 1854 – 1859 von Augustin errichtete katholische Kirche. Sehenswert ist das alte Rathaus aus dem Jahr 1543. Das um 1320 gestiftete Magdalenerinnenkloster ist Krankenhaus.

Aus der Geschichte von Lauban

Ursprünglich hat es in der Gegend von Lauban wohl eine befestigte slawische Siedlung gegeben. Um 1200 geht der Name „Lauban" zuerst auf ein Waldhufendorf links des Altlaubaches über. Auf der Hochebene zwischen Queis und Altlaubabbach wird dann zu Beginn des 13. Jahrhunderts die Stadt angelegt, die erstmals 1268 in Urkunden erscheint. Die Befestigung der Stadt mit doppelter Mauer und vier Toren ist 1318 abgeschlossen. Im Jahr 1346 schließt sich Lauban als vierte „Sechsstadt" dem Oberlausitzer Städtebund an und entwickelt sich zu einem reichen und mächtigen Gemeinwesen. In der Zeit der Hussitenkriege wird Lauban zweimal zerstört [1427 und 1431], erlebt danach bald einen Wiederaufstieg und erreicht schließlich in der ersten Hälfte des 16. Jahrhunderts seine höchste Blüte. Im Jahr 1525 wird in Lauban die Reformation eingeführt.

Lauban. Moltkestraße

Der Niedergang der Stadt setzt mit der Niederlage der Evangelischen im Schmalkaldischen Krieg [1546 – 1547] ein. Nach der Schlacht von Mühlberg [Niederlage des Kurfürsten Johann Friedrich von Sachsen, 24. April 1547] büßt die Stadt ihren Landbesitz und ihre Privilegien ein, muss ihre Kirchenschätze ausliefern und hohe Zahlungen gewähren.

Während des 30jährigen Krieges hat Lauban unter zahlreichen Durchmärschen und Einquartierungen zu leiden und wird gezwungen, erneut Kontributionszahlungen zu leisten. 1635 fällt Lauban schließlich an das Kurfürstentum Sachsen und erhält damit einen evangelischen Landesherrn.

Während der Schlesischen Kriege und vor allem während des 7jährigen Krieges [1756 – 1763] hat die Stadt viel zu erdulden, besonders durch den Brand von 1760, dem fast die gesamte Stadt zum Opfer fällt. Während der Napoleonischen Kriege entwirft der Dichter Theodor Körner [1791- 1813] in Lauban einen Aufruf an das sächsische Volk. Mit den

Verträgen des Wiener Kongresses 1815 kommt die Stadt Lauban zusammen mit der Ostoberlausitz an Preußen, von dem es an die preußische Provinz Schlesien angeschlossen wird. 1816 wird der Landkreis Lauban gebildet und ist aus oberlausitzschen und alt-schlesischen Gebieten zusammengesetzt.

Ausflüge in die Umgebung

Bis zum Steinberg mit seinen schönen Anlagen ist es von der Stadt aus nur etwa eine ¼ Stunde Fußmarsch. Die Anlagen laden zum Verweilen ein, und ein Denkmal erinnert den Besucher an den Deutsch-Französischen Krieg von 1870/71. Auf dem Steinberg kann in einem netten Restaurant eine kleine Stärkung zu sich genommen und ein Blick auf das Iser- und Riesengebirge genossen werden.

Geht der Ausflügler in Lauban von der SW-Ecke des Marktes weiter durch die Görlitzer Straße, gelangt er nach etwa 1 ½ Stunden nach Katholisch-Hennersdorf, wo eine der ältesten deutschen Bäume, eine etwa 1.400 Jahre alte und 13 m hohe Eibe, zu bestaunen ist. – Im zweiten Schlesischen Krieg [1745] hat in Katholisch-Hennersdorf Friedrich der Große die auf österreichischer Seite kämpfenden sächsischen Truppen besiegt.

Lauban. Altlauban-Wehr

Die Kerzdorfer Queismühle ist in etwa einer ½ Stunde zu erreichen, die sehenswerte Kirche in Wingendorf in ungefähr 1 Stunde.

MARKLISSA

11 km südlich von Lauban befindet sich im preußischen Regierungsbezirk Liegnitz, Kreis Lauban, die Stadt Marklissa [305 m ü. d. M.] an der Queis. Die Stadt liegt an der Staatsbahnlinie Lauban – Marklissa und hat um 1900 ca. 2.400 meist evangelische Einwohner, die hauptsächlich vom Spinnen und Weben leben. Allein die Aktiengesellschaft Concordia besitzt 500 Webstühle. Das Stadtrecht hat Marklissa erst im Jahr 1515 erhalten.

Vierzig Minuten östlich von Marklissa ist die Queistalsperre gebaut, die man auch von Lauban aus in ca. 3 ¼ Stunden erreichen kann. Die Queistalsperre ist in den Jahren 1901 – 1905 errichtet worden. Die Mauer der Talsperre ist 145 m lang und 43 m hoch. Das Staubecken ist 140 ha groß und fasst rund 15 Millionen m³ Wasser. Von der Staumauer aus hat man einen schönen Blick in das Queistal. Unterhalb der Talsperre befindet sich ein Kraftwerk.

Marklissa. Blick vom Hotel zur Queistalsperre

20 Minuten östlich der Talsperre, an der Südseite des Staubeckens, ist das Schloss Tzschocha zu besuchen. Es stammt aus dem 16. Jahrhundert und ist erst vor kurzem von Bodo Ebhardt ausgebaut worden.

Von der Talsperre ist auch in wenigen Minuten der höchste Punkt des Adlersteins erklommen, von wo ein herrlicher Blick ins Queistal besteht.

Marklissa. Queistalsperre

Das Vorwerk Rengersdorf ist von der Talsperre in einer ¼ Stunde zu erreichen, das südlich davon gelegene gleichnamige Dorf nur wenig später. Die Finkenmühle, wo in der dortigen Wirtschaft eine kleine Erfrischung zu sich genommen werden kann, liegt von der Südseite des Staubeckens etwa eine ¾ Stunde entfernt. Von der Nordseite des Sees ist man in einem einstündigen Fußmarsch auf den Kiehnberg gewandert. In südöstlicher Richtung geht es über den Riedstein in 3 ½ Stunden nach Friedeberg.

Langenöls

Von Lauban fährt der Zug weiter und steuert nach 5 km Langenöls sowie weiteren 10 km das alte Städtchen Greiffenberg an. Langenöls [266 m ü. d. M.], am Oelsebach gelegen, ist eine Gemeinde im preußischen Regierungsbezirk Liegnitz, Kreis Lauban. Sie liegt an der Staatsbahnlinie Kohlfurt – Glatz und besteht aus den Dörfern Ober-, Mittel- und Nieder-Langenöls. Im Jahr 1900 leben in Langenöls 4.105 meist evangelische Einwohner. Im Ort bestehen Möbelfabriken, eine Bierbrauerei, eine Ziegelbrennerei sowie eine umfangreiche Leinweberei. Langenöls wird 1254 erstmals urkundlich als *Olsna* erwähnt, die Kirche des Ortes zuerst 1376 genannt.

Greiffenberg

Greiffenberg [325 m ü. d. M.], am Queis, ist eine Stadt im preußischen Regierungsbezirk Liegnitz, Kreis Löwenberg. Die Stadt ist Knotenpunkt der Staatsbahnlinien Kohlfurt – Glatz, Goldberg – Greiffenberg und Greiffenberg – Friedeberg a. Q.

Der Kienberg bei Greiffenberg

Greiffenberg besitzt eine evangelische [im nahen Nieder-Wiesa] und eine katholische Kirche. Im Jahr 1900 beherbergt die Stadt 3.335 Einwohner. Neben Webereien existieren Fabriken zur Herstellung von Taschentüchern, Schürzen und Zigarren.

Reisende finden im Gasthaus „Fischer" [am Bahnhof] sowie in Spohns „Hotel zur Burg" eine bequeme Unterkunft.

Die Entstehung der Stadt Greiffenberg reicht wahrscheinlich bis ins 13. Jahrhundert zurück. Im Jahr 1354 erhält sie ein Stadtprivileg zu Löwenberger Recht, etwa 50 Jahre später die Erlaubnis zur Befestigung mit Mauern und Gräben. Die drei Haupttore sind nach den Ausfallstraßen nach Zittau, Lauban und Löwenberg benannt. Reste der alten Stadtmauer sind noch zu besichtigen.

Seine Blütezeit erreicht Greiffenberg im 16. – 18. Jahrhundert, wo die Bürger durch den Leinenhandel zu Reichtum gelangen. Im Jahr 1592 wird vor dem Löwenberger Tor die Neustadt errichtet. Durch Pest und Kriege hat die Stadt allerdings immer wieder zu leiden. Im Jahr 1783 brennen [neben vielen öffentlichen Gebäuden] mehr als 120 Wohnhäuser nieder.

In der katholischen Kirche kann die Familiengruft der Grafen Schaffgotsch aufgesucht werden und nur eine halbe Stunde von der Stadt entfernt die Burgruine Greiffenstein. Diese liegt auf einem bewaldeten, aussichtsreichen Bergkegel [423 m]. Die Anfänge der Burg Greiffenstein reichen bis ins 12. Jahrhundert zurück. Im 30jährigen Krieg wird sie von schwedischen Truppen erobert [1645] und in den Jahren 1798/99 zu einem großen Teil abgebrochen.

DAS ISERGEBIRGE

Das Isergebirge schließt sich am Pass von Jakobstal an das Riesengebirge an. Im Westen reicht das Gebirge bis zur Tafelfichte. Es besteht aus vier Zügen, die fast gänzlich parallel verlaufen. Der Hauptzug beginnt zwischen Petersdorf und Schreiberhau mit dem Moltkefelsen und erhebt sich steil zum kegelförmigen Hochstein [1.058 m]. Vom Hochstein aus steigt der Hauptzug nach Westen bis zur Tafelfichte [1.125 m] an. Auf diesem Kamm entspringt der Kleine Zacken und der Queis. An der Tafelfichte entspringt die Große Iser.

Haindorf im Isergebirge

Das Längstal des Zackens trennt den Hauptzug vom Kemnitzkamm, der am Boberdurchbruch beim Sattler endet. An dessen Südabhang bietet die Felsgruppe der Bibersteine die berühmte Aussicht auf das Gebirge.

FRIEDEBERG

Von Greiffenberg ist in einer halbstündigen Bahnfahrt das Städtchen Friedeberg am Queis zu erreichen, wo im Gasthaus „Schwarzer Adler" übernachtet werden kann.

Friedeberg an der Queis [320 m ü. d. M.] ist eine Stadt im preußischen Regierungsbezirk Liegnitz, Kreis Löwenberg. Sie liegt an der Staatsbahnlinie Greiffenberg – Friedeberg und besitzt eine evangelische und zwei katholische Kirchen.

Maßstab 1:150000   1 Kilom. in der Natur = 6²/₃mm. auf der Karte.   Kilometer.   Bhf. Eisenbahn   Landesgrenze   Chaussee Landstraße   Fahrb. Feld- u. Wal

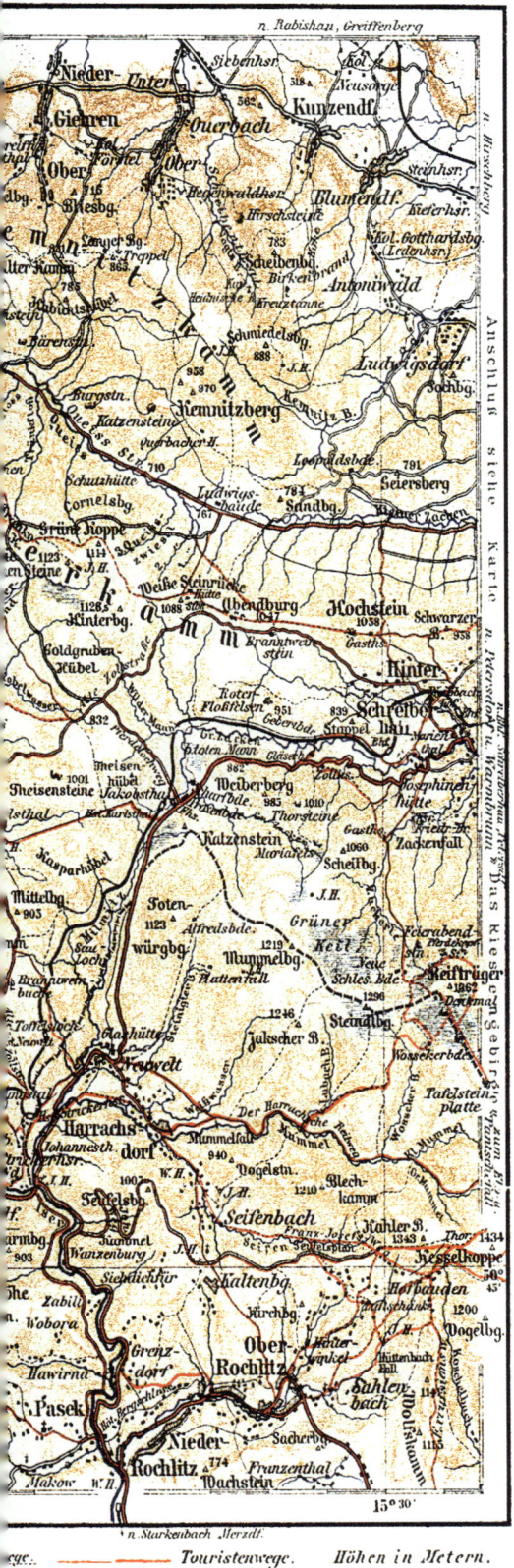

Im Jahr 1900 hat die Ortschaft 2.631 meist evangelische Einwohner, die Beschäftigung in der Flachsgarnspinnerei, Garnbleicherei sowie in Strumpf- und Schuhfabriken finden.

Besonders sehenswert ist der Markt in Friedeberg mit dem alten Rathaus und dem Bronzestandbild Kaiser Wilhelms I. von 1911 [von Görling].

MEFFERSDORF
UND WIGANDSTAL

Von Friedeberg fährt zweimal täglich die Post ins 8 km entfernte Meffersdorf und Wigandstal [mit der „Schlossbrauerei"], wo für Urlauber zahlreiche adrette Sommerwohnungen angeboten werden.

Die evangelische Pfarrkirche von Meffersdorf, die für ihre Pracht und Schönheit berühmt ist, liegt eine ½ Stunde vom Bahnhof des Ortes entfernt. Bis zum Jahr 1741 diente das Gotteshaus als Grenzkirche für schlesische Protestanten, die sogar von Gläubigen aus Flinsberg, Schreiberhau und Hirschberg besucht wurde.

Im Osten von Meffersdorf, nur durch einen Fahrweg getrennt, schließt sich die Ortschaft Wigandstal an. Seit 1840 bilden die beiden Gemeinden eine Ortschaft, deshalb sind in vielen alten Dokumenten die Namen der Orte wechselweise aufgeführt.

Bei Bedarf fährt die Post auch in das 2 ½ km weiter gelegene Bad Schwarzbach [530 m ü. d. M.], am Fuß des Iserkammes gelegen.

BAD SCHWARZBACH

Schwarzbach [520 m ü. d. M.] liegt im preußischen Regierungsbezirk Liegnitz, Kreis Lauban und weist im Jahr 1905 nur 281 Einwohner auf. Der beschauliche Ort liegt in dem 400 m breiten, auf drei Seiten von bewaldeten und hohen Bergen eingefassten Schwarzbachtal.

In dem Badeort existieren 7 Quellen, die ein erdig-salinisches-kohlensaürereiches Stahlwasser liefern, das bei Blutarmut, Frauenkrankheiten und chronischen Katarrhen hilfreich ist. Das Heilwasser dient sowohl zum Trinken als auch zum Baden. Für Gäste bietet u.a. das „Kurhaus" Zimmer an. In Bad Schwarzbach wird eine Kurtaxe von 9 bis 15 Mark erhoben.

Bad Schwarzbach. Hotel Bergschloss, Kurhaus und die Tafelfichte

Von Schwarzbach sind Ausflüge auf das Heufuder [1.107 m] oder auf die Tafelfichte [1.123 m] möglich, die in jeweils ca. 2 Stunden erreicht werden können. Der Aussichtsturm auf dem Heufuder gewährt dem Wandersmann einen weiten Blick nach Norden, von der Tafelfichte neben dem Ausblick nach Norden auch eine herrliche Aussicht nach Süden und Westen.

Von der Tafelfichte ist ein guter Wanderer in 2 bis 3 Stunden nach Weißbach und Liebwerda in Böhmen hinabgestiegen. Dorthin ist auch in rund 3 Stunden auf einem schönen Waldweg, dem „Trauersteg", direkt von Meffersdorf aus zu gelangen.

BAD FLINSBERG

Im Sommer fährt die Post von Friedeberg dreimal täglich ins 8 km entfernte Flinsberg [526 m ü. d. M.], wofür etwa 1 ¼ Stunden benötigt werden. Ausflügler können im Gasthaus „Neues Brunnenhaus" [mit der Dependenz „Berliner Hof"] übernachten. Die Preise sind hier einigermaßen niedrig, und in Reiseführern wird es sehr gelobt.

Daneben sind bequeme Unterkünfte im Gasthaus „Deutscher Kaiser" sowie in zahlreichen Privatlogis zu finden. Allerdings wird in Flinsberg eine recht hohe Kurtaxe erhoben. Eine Einzelperson hat 21 Mark, 2 bis 3 Personen 24 Mark und 4 – 5 Personen 27 Mark Kurtaxe zu bezahlen.

Bad Flinsberg. Kurhaus und Heufuder

Flinsberg ist ein langgestrecktes Gebirgsdorf im preußischen Regierungsbezirk Liegnitz, Kreis Löwenbwerg, das sich im Queistal aufwärts hinzieht, und als Luftkurort und Stahlbad berühmt ist. Es liegt an der Staatsbahnlinie Greiffenberg – Friedeberg und beherbergt im Jahr 1900 1.957 meist evangelische Bewohner. Neben einer evangelischen besteht auch eine katholische Kirche.

Das Badehaus von Flinsberg stammt aus dem Jahr 1839. Die älteste Quelle ist bereits im Jahr 1572 bekannt und trägt den Namen „der heilige Brunnen". Flinsbergs Mineralquellen werden sowohl getrunken als auch in Form von Bädern genutzt. Ebenfalls werden Fichtenrinden- und Fichtennadelbäder sowie Kaltwasserkuren angewendet. Im Jahr 1902 beläuft sich die Zahl der Kurgäste auf etwa 8.500.

Bad Flinsberg. Kurhaus

Bad Flinsberg. Wandelhalle

Bad Flinsberg. Blick vom Kurhaus

Bad Flinsberg. Ausblick zum Iserkamm

Der Hochstein im Isergebirge

Östlich von Bad Flinsberg erhebt sich der 829 m hohe Geierstein, den Wanderer in etwa 1 Stunde erreichen. Belohnt wird man mit einer herrlichen Aussicht auf die Umgebung. Südlich der Stadt liegt der Iserkamm mit dem Heufuder und der Tafelfichte als höchste Berge.

Geht man im waldbewachsenen Queistal aufwärts, ist nach einem vierstündigen Marsch der Hochstein erwandert. Lohnend ist auch die Strecke, die zuerst auf dem Fahrweg im Queistal aufwärts und danach im Tal des Kleinen Zackens abwärts über Petersdorf zum Hirschberger Tal führt, wofür ein geübter Wanderer ebenfalls 4 Stunden einzurechnen hat.

DAS BOBER-KATZBACH-GEBIRGE

Das Bober-Katzbach-Gebirge erstreckt sich nördlich der Kämme des Iser- und des Riesengebirges. Es stellt eine Hochfläche in Form einer Mulde dar, die sich nach Norden öffnet. Etwa in der Mitte des Gebietes liegt die Stadt Schönau, die Südgrenze bildet der Bober. Im Norden geht die Hochfläche meist allmählich in eine Tiefebene über, nur an manchen Stellen fällt sie steil zu ihr ab.

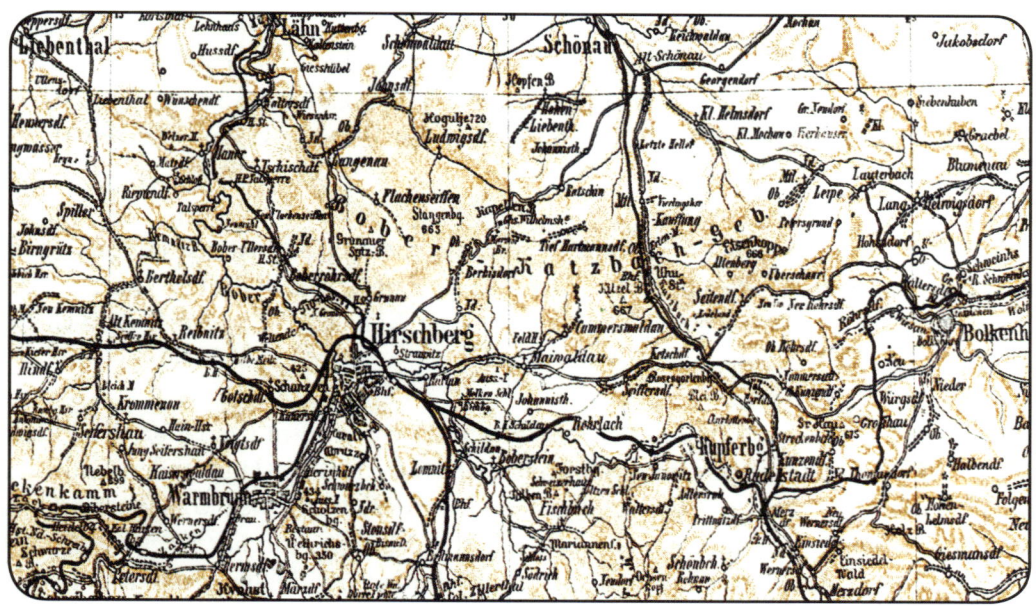

Das Bober-Katzbach-Gebirge

Im Süden der Hochebene befindet sich ein Bergzug, der am Bober mit dem Bleiberg [676 m] beginnt. Von dort erstreckt sich dieser in nordwestliche Richtung bis zum Kitzelberg [667 m] bei Kauffung, von dort weiter nach Westen bis jenseits des Kapellenberges. Der höchste Punkt des Bober-Katzbach-Gebirges ist der Melkgelte [724 m], der schönste Aussichtspunkt befindet sich im Rosengarten.

Über den Kapellenberg führt die Straße von Hirschberg nach Schönau. Der Bergzug zieht sich weiter in südwestliche Richtung bis zum Boberdurchbruch am Sattler und verläuft darauf an der linken Seite des Flusses nach Norden. Vom Bernskenstein besteht eine herrliche Fernsicht.

Fast parallel zu diesem Bergzug verläuft ein zweiter, der im Osten mit der Eisenkoppe [666 m] bei Altenberg beginnt, dann westlich zum Flusstal des Katzbachs abfällt und sich jenseits der Straße Schönau – Hirschberg wieder zu bedeutenden Höhen erhebt [Hogolie, 720 m].

LÖWENBERG

Für die 23 km lange Strecke von Greiffenberg nach Löwenberg benötigt der Zug 1 ¼ Stunden. Eine Fahrt kostet zwischen 1 Mark und 1 Mark 40.

Löwenberg [202 m ü. d. M.] liegt am linken Ufer des Bobers und ist Kreisstadt im preußischen Regierungsbezirk Liegnitz. Die Stadt ist Knotenpunkt der Staatsbahnlinien Goldberg – Greiffenberg und Löwenberg – Siegersdorf. Reisende finden in den Gasthäusern „Ross" oder „Schwan" Quartier.

Im Jahr 1900 wohnen in Löwenberg 5.293 Menschen. Neben einer möglichen Arbeit in den nahen Sandsteinbrüchen finden die Bewohner Beschäftigung in der Holzschleiferei, Wollspinnerei, Müllerei, Bierbrauerei sowie in der Malz- und Schamottfabrikation.

Die Stadt ist von schönen Promenaden sowie von ansehnlichen Resten der aus Sandsteinblöcken erbauten mittelalterlichen Doppelmauer umgeben. Erhalten sind auch der Laubaner Torturm [westlich des Marktes] und der Bunzlauer Torturm [nördlich des Marktes].

Der Bahnhof liegt etwa 5 Minuten vom Marktplatz entfernt; in der Mitte des Platzes steht das schöne Rathaus. Es stammt hauptsächlich aus dem 16. Jahrhundert und ist in den Jahren 1903 – 1905 erneuert und erweitert worden. Nicht weit vom Rathaus entfernt, in südlicher Richtung, erhebt sich die alte Minoritenkirche. Die zweitürmige katholische Pfarrkirche stammt aus dem 16. Jahrhundert und befindet sich westlich des Marktes. Von den zwei Krankenhäusern der Stadt hat sich eines in dem Gebäude der dort 1810 aufgehobenen Malteser-Kommende angesiedelt.

Löwenberg erhält bereits im Jahr 1217 deutsches Stadtrecht und ist damit eine der ältesten Städte Schlesiens. Bis zum 30jährigen Krieg ist Löwenberg durch Tuchhandel äußerst wohlhabend, danach haben die Bewohner der Stadt unter kaiserlichen Einquartierungen und einer massiven Zwangsbekehrung zu leiden [1627].

In der napoleonischen Zeit finden in der Gegend von Löwenberg heftige Kämpfe statt: Am 19. August 1813 siegen bei Plagwitz und bei Siebeneichen [oberhalb von Löwenberg] Preußen und Russen; am 21. August drängt Napoleon die schlesische Armee bei Plagwitz zurück und am 29. August ergibt sich hier die französische Division Puthod nach der Schlacht an der Katzbach.

Ausflüge in die Umgebung
Geht der Wanderer vom Marktplatz in SW-Richtung weiter, so erreicht er nach rund einer ½ Stunde den herrlichen Bergpark Buchholz, von wo aus eine gute Sicht in das Bobertal besteht. Vor dem dortigen Restaurant steht die Marmorbüste Blüchers [von

Rauch, 1841] und zehn Minuten südlich davon ein Obelisk, der an die siegreichen Kämpfe an der Katzbach erinnert. Nur zehn Minuten westlich des Obelisken ist die sogenannte „Löwenberger Schweiz" erreicht, die gänzlich aus zerklüftetem Quadersandstein besteht. In dem nicht weit von Löwenberg entfernten Dorf Neuland können umfangreiche Gipsbrüche besichtigt werden. Etwa 6 km nordwärts von Löwenberg sind das Dorf sowie das Rittergut Hohlstein zu finden. Dort gibt es ein Schloss mit einem schönem Park, das sich im Besitz des Fürsten von Hohenzollern befindet.

Die Post fährt von Löwenberg einmal täglich nach Bunzlau und benötigt dafür ungefähr 2 ¾ Stunden.

AUSFLÜGE VON LÖWENBERG MIT DER BAHN

Etwas weitere Ausflüge werden von Löwenberg mit der Eisenbahn unternommen. Zunächst wird mit dem Zug ins 15 km entfernte Städtchen Lähn gefahren.

Lähn. Der Bahnhof mit der Burg Lehnhaus

LÄHN

Die Stadt Lähn [230 m ü. d. M.] liegt am linken Ufer des Bobers und ist von drei Seiten von diesem umgeben. Im Westen wird sie von dem bewaldeten Schlossberg mit dem Lehnhaus überragt. Lähn gehört zum preußischen Regierungsbezirk Liegnitz, Kreis Löwenberg. Im Jahr 1902 leben hier 1.062 meist evangelische Einwohner. Neben der evangelischen existiert auch eine katholische Kirche. An Gewerben haben sich in Lähn

Lähn. Gegen Lehnhaus gesehen

eine Kneippsche Kaltwasserheilanstalt, Uhrengehäusefabrikation, Lohgerberei, ein Mühlwerk mit Holzschleiferei, Töpferei sowie in der Nähe Sandsteinbrüche angesiedelt. Berühmt ist das Städtchen wegen des schon seit dem Mittelalter stattfindenden Taubenmarktes.

Vom Bahnhof bis zum Marktplatz sind es nur etwa 5 Minuten. Auf dem Marktplatz stehen das Rathaus [von 1824] und ein neuer Zierbrunnen [von 1914]. Zum Schlossberg ist in einer knappen halben Stunde zu gelangen. Die sich dort befindende Burg Lehnhaus geht in ihren Anfängen bis ins 12. Jahrhundert zurück. Sie ist im 30jährigen Krieg von den Kaiserlichen niedergebrannt worden [1646], doch ist der Bergfried der Burg noch vorhanden. Scheut man die 67 Treppenstufen nicht, die dort hinaufführen, wird man mit einem herrlichen Ausblick auf die Umgebung belohnt.

DIE BOBERTALSPERRE

Von Lähn fährt die Bahn in südlicher Richtung und erreicht, nachdem ein Tunnel passiert wurde, nach 3 km die Bahnstation Mauer-Waltersdorf. Von hier aus rechts die Landstraße entlang, wandert man in einer ½ Stunde zur Boberbrücke in Mauer. Nach Überquerung der Brücke kommt man in etwa einer ½ Stunde nach Matzdorf, wo inmitten eines großartigen Parks mit herrlichen alten Bäumen ein prachtvolles Schloss erbaut ist.

Bobertalsperre. Mauer mit Casino-Restaurant

Wir aber wollen weiter zur Bobertalsperre. Bis zur Haltestelle Talsperre, zu der es von der Bahnstation Mauer-Waltersdorf nur noch 4 Bahnkilometer sind, hat der Zug zwei Tunnel zu passieren. Nach dem zweiten ist auf der rechten Seite bereits ein erster Blick auf die Bobertalsperre zu werfen.

Das engste Durchbruchtal des Bobers durch das Bober-Katzbach-Gebirge liegt nur wenig südlich der Ortschaft Mauer, wo in den Jahren 1904 – 1912 die Bobertalsperre errichtet wird. Von der Bahnstation ist, links an der Straße am Staubecken entlang, in einer ¼ Stunde die Staumauer erreicht. Diese ist 62 m hoch, 280 m lang sowie 7,20 m breit. Das 240 ha große Staubecken fasst 50 Millionen m³ und ist gänzlich von bewaldeten Bergen eingeschlossen. Vier Minuten unterhalb der Sperrmauer befindet sich das „Casino-Restaurant".

Bobertalsperre. Mauer mit Elektrizitätshaus

Von der Südseite der Staumauer verläuft über Riemendorf ein Fahrweg in 1 Stunde nach Matzdorf. Auch bietet sich von der Talsperre eine Wanderung nach Altkemnitz an.

BÖBERRÖHRSDORF
Vier Bahnkilometer von Mauer-Waltersdorf entfernt liegt Böberröhrsdorf. Südlich der Ortschaft, auf dem rechten Ufer des Flusses, ist das Gut Niederhof zu finden. Im zweiten Stock des gotischen Wohnturms, in der sogenannten Wasserburg, sind prachtvolle Wandbilder aus dem Iweinroman [aus der Zeit um 1320 – 1350] zu bewundern. Von

Böberröhrdorf aus besteht die Möglichkeit, eine Wanderung durch die schöne Sattler-schlucht zu unternehmen.

GRUNAU

Von Mauer-Waltersdorf nach Grunau fährt der Zug 4 km. In einem zweistündigen Marsch in nördlicher Richtung ist der Grunauer Spitzberg zu erwandern. Von dem 551 m hohen Berg, der sich gänzlich aus Quadersandstein aufbaut, besteht ein herrlicher Aus-blick auf die Umgebung.

HIRSCHBERG

Hirschberg, den Ausgangspunkt unserer Reise durch das Riesengebirge, hat der Zug schließlich nach 3 km erreicht.

GOLDBERG

Ein weiterer Bahnausflug bietet sich von Löwenberg in das 27 km entfernte Goldberg an. Der Bahnhof der Stadt liegt 189 m, die Ortschaft selbst 224 m ü. d. M. Goldberg, an der Katzbach gelegen, ist Kreisstadt im preußischen Regierungsbezirk Liegnitz und liegt am Knotenpunkt der Staatsbahnlinien Liegnitz – Merzdorf und Goldberg – Greif-fenberg. Im Jahr 1900 beherbergt die Stadt 6.516 meist evangelische Einwohner; neben einem evangelischen Gotteshaus besteht auch ein katholisches.

Goldberg. Ansicht mit Bahnhof

An Gewerbebetrieben haben sich – neben einer Bierbrauerei – Tuch-, Flanell-, Zigarren- und Hutstumpenfabriken angesiedelt.

Geht der Wanderer vom Bahnhof aus über die Katzbach und danach rechts über den Mühlgraben den Fußweg aufwärts, ist nach wenigen Minuten der Kaiser-Wilhelm-Platz mit der Bronzestatue Kaiser Wilhelms I. [von Künne, 1911] erreicht.

Goldberg. Bürgerberg

Wird dagegen vom Bahnhof halblinks gegangen, trifft man bereits nach 2 Minuten auf den Ring und nach weiteren 3 Minuten auf die aus dem 13./14. Jahrhundert stammende und im 15. Jahrhundert veränderte evangelische Marienkirche. Der dreischiffige Hallenbau verfügt über einen West- als auch einen Ostturm, die beide von einer barocken Haube gekrönt werden. Im Inneren der Kirche ist der dreiflügelige Schnitzaltar von 1497 zu bewundern.

Ganz in der Nähe der Kirche erhebt sich am Obertor der runde Schmiederturm aus dem 15. Jahrhundert. Eine knappe ½ Stunde vom Markt entfernt, gelangt man zum Bürgerberg, wo im dortigen Restaurant Erfrischungen und Mahlzeiten angeboten werden. Für eine Wanderung zum 373 m hohen Wolfsberg muss ca. eine ¾ Stunde berücksichtigt werden. Der freistehende Basaltkegel gewährt eine schöne Aussicht auf die Umgebung.

Goldberg erhält das Stadtrecht bereits 1211 und gehört damit – wie Löwenberg – zu den ältesten Städten Schlesiens. Seit dem 10. Jahrhundert wird hier bergbaumäßig Gold gewonnen. Nach den Hussitenkriegen kommt der Bergbau allerdings zum Erliegen.

In den Jahren 1441 – 1451 ist Goldberg die Residenz des Herzogs Heinrich X. Danach fällt die Stadt wieder an die in Brieg bzw. später in Liegnitz residierende herzogliche Hauptlinie. Im Jahr 1524 stiftet hier Herzog Friedrich II. von Liegnitz die durch Valentin Friedland, der meist nur Trotzendorf genannt wird [bekannter humanistischer Schulmann, 1490 – 1556], berühmt gewordene Schule, die später auch Wallenstein [berühmter Feldherr des 30jährigen Krieges, 1583 - 1634] besucht. Zeitweise zählt die Schule mehr als 1.000 Schüler.

In der napoleonischen Zeit ist die Umgebung Goldbergs am 27. Mai bzw. 23. und 27. August 1813 Schauplatz heftiger Kämpfe zwischen Napoleon und den gegen ihn Verbündeten.

AUSFLUG VON GOLDBERG NACH HAYNAU

Mit Nebenbahnen sind das nördlich von Goldberg gelegene Haynau und das südlich der Stadt gelegene Märzdorf zu besuchen.

Haynau [auch Hainau] an der Schnellen Deichsa [153 m ü. d. M.] ist eine Stadt im preußischen Regierungsbezirk Liegnitz, Kreis Goldberg-Haynau. Der Ort liegt an der Staatsbahnlinie Sommerfeld – Liegnitz und weist im Jahr 1900 10.142 meist evangelische Einwohner auf. Neben einer evangelischen existieren eine katholische Kirche und auch eine Synagoge.

Blick auf Haynau

Haynau. Wilhelmsplatz mit Kriegerdenkmal

An Gewerbebetrieben haben sich Fabriken zur Herstellung von Handschuhen, Metallwaren, Papier, Kunststein, Malz, Glacéleder, Raubtierfallen und Kunstdünger angesiedelt. Auch werden in der Stadt mehrere Getreidemärkte abgehalten. Reisende finden im „Prinz Heinrich" Quartier.

Die Gründung Haynaus liegt sicherlich schon vor 1241. Der Grundriss der alten Stadtanlage ist ein langes Rechteck mit dem weitläufigen Marktplatz, einem der größten in Schlesien. Die Straßen der Stadt bilden ein Gitternetz. Der Mauerring um die Stadt besteht schon vor 1357. Von der alten Stadtbefestigung ist neben Mauerresten auch der Weberturm erhalten.

Am Ostrand des Marktplatzes steht die alte Pfarrkirche zu „Unseren Lieben Frau", die bereits für 1299 nachweisbar ist, mit einem sehr wuchtigen Turm. Sehenswert sind in Haynau auch die Reste des Renaissanceschlosses, das Herzog Friedrich III. für die 1503 abgebrannte Burg errichtet hat [1546 – 1547].

Gleich in der Nähe von Haynau bietet es sich an, die Baudmannsdorfer Höhe zu ersteigen. Hier befindet sich ein Denkmal zur Erinnerung an das siegreiche Reitertreffen der Preußen unter Blücher gegen die Franzosen am 26. Mai 1813.

Haynau. Partie auf dem Hopfenberg mit Wasserturm

PILGRAMSDORF

Gleich hinter Goldberg verlässt die Bahn das Katzbachtal und erreicht nach 8 km die Ortschaft Pilgramsdorf. Diese ist ein deutsches Waldhufendorf aus dem 13. Jahrhundert. Die Überlieferung, dass sich hier bereits um 1150 Tempelritter niedergelassen und eine Kirche errichtet hätten, ist nicht historisch belegbar. Die vorhandene Kirche des Ortes geht bis ins 13. Jahrhundert zurück.

Im 17. Jahrhundert haben an der Straße nach Goldberg die Herren von Knobelsdorff ein Renaissanceschloss errichtet, das nach einem Brand eine barocke Fassade erhalten hat. Zu den vielen Berühmtheiten, die in diesem Schloss im Laufe der Zeit Quartier bezogen haben, gehören u. a. Wallenstein, Friedrich der Große und Blücher.

Von Pilgramsdorf wandert man in einem 2 ½ stündigen Marsch in südlicher Richtung auf den 501 m hohen Probsthainer Spitzberg, einem freistehenden basaltischen Spitzkegel, der eine herrliche Rundumsicht auf die Umgebung gewährt.

NEUDORF

Von Pilgramsdorf fährt der Zug die Ortschaft Neudorf an, wo Ausflügler den Gröditzberg ersteigen können. Von Neudorf besteht in nordwestlicher Richtung eine Kleinbahnverbindung nach Gröditzberg – Bunzlau. Für eine Wanderung von Neudorf zum Gröditzberg müssen ca. 1 ½ Stunden eingeplant werden.

Der Gröditzberg, ungefähr 40 Minuten vom gleichnamigen Dorf entfernt, ist ein 389 m hoher, freistehender, bewaldeter Basaltkegel, auf dem die Gröditzburg thront. Von hier ist eine schöne Aussicht auf das gesamte Umland möglich.

DIE GRÖDITZBURG

Im Jahr 1473 erwirbt Herzog Friedrich von Liegnitz den Gröditzberg; sein Sohn und Nachfolger lässt hier einen prachtvollen Schlossbau errichten. 1646 wird das Schloss größtenteils abgerissen und wird erst in den Jahren 1905 – 1910 teilweise wiederhergestellt.

Ein Zechgenosse des abenteuerlichen Herzogs Heinrich XI. ist der auf der Gröditzburg geborene Ritter Hans von Schweinichen [† 1616], der in seinem berühmten Tagebuch die lockeren Sitten seiner Zeit schildert.

MIT DEM ZUG VON GOLDBERG NACH MÄRZDORF

Die Bahnstrecke verläuft zuerst südlich durch das landschaftlich schöne Katzbachtal, rechts befindet sich das Bober-Katzbach-Gebirge. 8 km nach Goldberg erreicht der Zug Neukirch, von wo aus der Wanderer nach einem 2 ½ stündigen Marsch den Probsthainer Spitzberg ersteigen kann.

Neukirch ist wohl ursprünglich ein slawisches Dorf, 1228 allerdings heißt die Ortschaft bereits *Nova Ecclesia*. Die Kirche des Dorfes liegt auf einem Berg und ist von einer Mauer umgeben. Sie stammt bereits aus dem 13. Jahrhundert und nimmt unter den spätromanischen Baudenkmälern des Katzbachtales eine bedeutende Stellung ein.

Doch wir wollen weiter nach Märzdorf und so steuert unser Zug 6 km nach Neukirch die Ortschaft Willenberg an.

WILLENBERG

20 Minuten von der Ortschaft Willenberg entfernt liegt der 369 m hohe Willenberg. Am Westabhang des dortigen Porphyrsteinbruches befindet sich die sogenannte „Große Orgel", die unbedingt besucht werden sollte. Auf dem Willenberg selbst sind die Reste einer alten Burg zu erkunden.

SCHÖNAU

Nur 1 km nach Willenberg hält der Zug im Bahnhof der Stadt Schönau. Das Gasthaus „Schwarzer Adler" am Marktplatz wird in Reiseführern besonders gelobt, die Unterkünfte im Gasthaus „Hirsch" und in der „Stadtbrauerei" werden dagegen als bescheiden bewertet.

Schönau [264 m ü. d. M.], an der Katzbach gelegen, ist Kreisstadt im preußischen Regierungsbezirk Liegnitz. Im Jahr 1905 leben in der Kleinstadt 1.706 meist evangelische

Einwohner. Neben der neuen evangelischen Kirche existiert auch ein katholisches Gotteshaus.

Die gleich südlich des Bahnhofs gelegene katholische spätromanische Niederkirche [aus der Mitte des 13. Jahrhunderts] besitzt einen mächtigen, viereckigen Westturm aus der Zeit um 1500. Den Innenraum der Kirche schmückt ein sehenswerter Schnitzaltar aus dem Jahr 1498.

Ganz in der Nähe, nördlich des Marktes, erstreckt sich das Steinbachtal. Der dortige Stauweiher ist allerdings nur bei Hochwasser gefüllt. Dicht bei der Stadt liegt auch die Siegfriedshöhe, die dem Besucher eine schöne Aussicht gewährt.

Von Schönau kann eine schöne Wanderung zum Hogolie unternommen werden, wofür man ca. 2 Stunden benötigt. Vom Schönauer Bahnhof geht es in Richtung Südwesten über den Lerchenberg und durch das Dorf Hohenliebental. Für den Abstieg sollte dann die südwestliche Strecke über den Kapellenberg genutzt werden.

Wanderung von Schönau nach Hirschberg

Für einen Marsch von Schönau nach Hirschberg müssen mindestens 4 ½ Stunden veranschlagt werden. Von der Kirche auf dem Marktplatz wird in südöstlicher Richtung durch den Ort gelaufen. Nach etwa 8 Minuten wendet man sich bei der Weggabelung nach rechts und passiert den Haltepunkt Alt-Schönau. Bald darauf biegt die Straße zuerst scharf nach rechts und schließlich jenseits der Katzbachbrücke scharf nach links, wendet sich wieder nach rechts und überschreitet nach 20 Minuten die Merzbacher Bahn.

Bis zum Johannistal dauert es jetzt noch eine ¾ Stunde, wobei nach der Hälfte der Zeit auf der linken Seite Ratschin zu sehen ist. Bis zum Kapellenberg [614 m], mit der berühmten Aussicht, ist es dann noch etwa 1 Stunde.

Doch wir wollen nach Hirschberg. Die Straße dorthin senkt sich in Kehren und führt darauf in 2 Stunden durch das langgestreckte Berbisdorf an die Hirschberger Bahn. Von hier geht es über den Bober; zum Markt in Hirschberg ist noch eine ¼ Stunde zu laufen.

Wanderung vom Kapellenberg nach Ober-Kauffung

Nimmt der Wandersmann doch den Weg über den Kapellenberg kann er in 3 ¼ Stunden Ober-Kauffung besuchen. Vom Kapellenberg läuft man eine kurze Strecke auf dem Weg nach Berbisdorf weiter, dann links ab zur Schafbergbaude – am Nordende des Dorfes Kammerswaldau gelegen – von wo aus eine schöne Aussicht besteht. Nun führt der Weg in einer Stunde über den 723 m hohen Schafberg zum Kitzelberg [667 m]. Von hier geht es schließlich hinab zum Bahnhof von Ober-Kauffung. Der recht steile Abstieg nimmt etwa eine ½ Stunde in Anspruch.

ALT-SCHÖNAU

Der nächste Halt nach Schönau ist Alt-Schönau [274 m ü. d. M.]. Das Renaissance-schloss in Alt-Schönau ist früher bedeutend größer gewesen. Im 17. Jahrhundert ist es im Besitz derer von Schweinichen.

NIEDER-KAUFFUNG

Nieder-Kauffung [320 – 410 m ü. d. M.] ist ein Dorf mit Kalkwerken. Von hier aus bietet sich ein Abstecher zu der in südwestlicher Richtung liegenden 724 m hohen Melkgelte [auch Kammerberg genannt] an, dem höchsten Berg des Bober-Katzbach-Gebirges. Für die Strecke sind rund 1 ½ Stunden einzuplanen, doch man wird mit einer herrlichen Aussicht für die Mühen reichlich entschädigt. Wer danach nicht gänzlich erschöpft ist, könnte auch gleich noch den nur wenig südlich der Melkgelte liegenden Schafberg ersteigen.

OBER-KAUFFUNG

Drei Kilometer nach Nieder-Kauffung dampft der Zug in den Bahnhof von Ober-Kauffung ein, wo im Bahnhofshotel übernachtet werden könnte. Vom Ort bietet sich eine schöne Wanderung zum Kapellenberg an.

KETSCHDORF

Nach weiteren 4 km erreicht der Zug Ketschdorf [415 m ü. d. M.]. Eine Stunde süd-westlich von hier erhebt sich der 628 m Rosengarten. Vom Turm des Berges hat der Wandersmann einen herrlichen Ausblick.

Ketschdorf. Rosenbaude

NIMMERSATH

Nach Ketschdorf wird die Ortschaft Nimmersath [480 m ü. d. M.] angefahren. Nur eine ¼ Stunde nordöstlich von Nimmersath liegt das 1780 erbaute Schloss Wilhelmsburg [550 m ü. d. M.]. Unweit davon sind die noch immer stattlichen Reste der 1455 zerstörten Raubburg Nimmersath zu erkunden. Von Nimmersath nach Märzdorf hat der Zug 6 Bahnkilometer zurückzulegen.

DAS STRIEGAUER BERGLAND

Jenseits der Weistritz steigen in recht auffälliger Form die Striegauer Berge empor. Diese bestehen aus zwei Gruppen. In der einen sind drei Basaltberge dicht beieinander angeordnet; der Georgenberg ist davon mit 354 m der höchste, doch zeigt sich der Kreuzberg [352 m] weit auffälliger. Dieser weist eine spitze Kegelform auf und trägt auf seinem Gipfel ein Kreuz. Die benachbarte Erhebung, der Breite Berg, hat seinen Namen von seiner Gestalt. Hier befindet sich ein großer Basaltbruch.

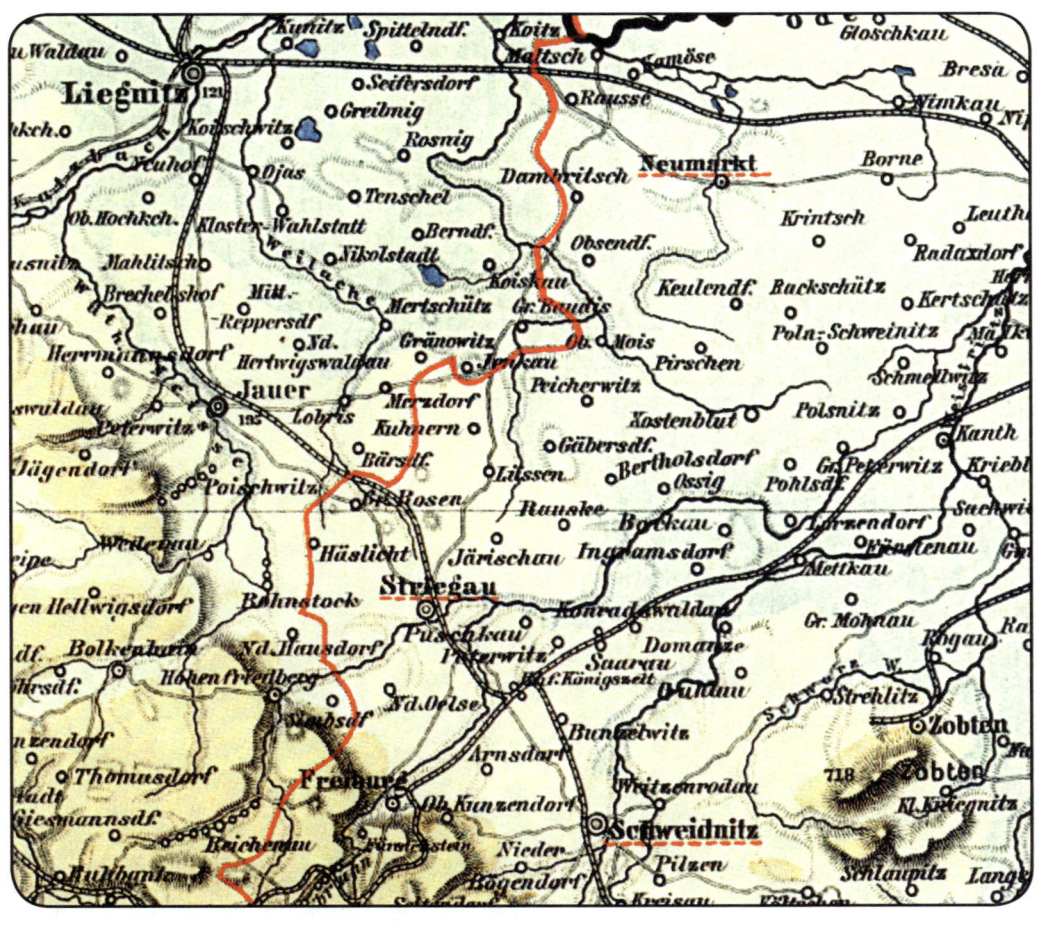

Die Umgebung von Striegau

Der 340 m hohe Streitberg ist von den drei Basaltbergen durch ein breites Tal mit fruchtbarem Lehmboden getrennt. Am Streitberg wird ein äußerst geschätzter Granit abgebaut. Der Reichtum der Striegauer Berge an Granit und Basalt hat zur Ansiedelung bedeutender Steinmetzwerkstätten geführt. Ansonsten zeichnet sich das gesamte Gebiet durch eine große Fruchtbarkeit aus, sodass sich mehrere Zuckerfabriken angesiedelt haben und lebhafte Getreidemärkte stattfinden.

MIT DEM ZUG VON MÄRZDORF NACH STRIEGAU

Für die 38 km lange Strecke von Märzdorf nach Striegau benötigt der Zug etwa 1 Stunde 20 Minuten. Erste Station hinter Märzdorf ist das 8 Bahnkilometer entfernte Großhau. Von hier ist in einer knappen Stunde zum Großen Hau [675 m] gewandert, wo der „Koppenblick" eine herrliche Fernsicht bietet. Vom Großen Hau kann auch eine schöne Wanderung zum 1 ¼ Stunden entfernten Nimmersath unternommen werden.

ALT-RÖHRSDORF

Von Großhau geht es weiter nach Alt-Röhrsdorf. 10 Minuten östlich von Alt-Röhrsdorf liegt [Bad] Wiesau, wo eine Mineralquelle sprudelt, deren Wasser bei rheumatischen Erkrankungen eingesetzt wird.

BOLKENHAIN

Nach 5 km erreicht der Zug schließlich das Städtchen Bolkenhain [344 m ü. d. M.], das gänzlich am rechten Ufer der Wütenden Neiße liegt. Die Stadt ist Kreisstadt im preußischen Regierungsbezirk Liegnitz und ist Knotenpunkt der Staatsbahnlinien Striegau – Bolkenhain und Bolkenhain – Märzdorf. Im Westen wird die Stadt von der mächtigen Bolkoburg beherrscht. Ausflügler finden in dem am Ring gelegenen Gasthaus „Schwarzer Adler" Zimmer.

Bolkenhain

Im Jahr 1900 leben in Bolkenhain 3.897 meist evangelische Einwohner. Die steilen Straßen der Stadt sind stellenweise in charakteristischer und recht malerischer Weise mit gewölbten Laubengängen versehen.

An Gewerbebetrieben haben sich in Bolkenhain neben Ziegeleien, auch zwei Dampfsägemühlen, Leinweberei sowie eine Fabrik zur Herstellung von Lederwaren angesiedelt. In früheren Zeiten gehörte Bolkenhain zum Fürstentum Schweidnitz.

DIE BOLKOBURG

Vom Ring geht man zur Bolkoburg zuerst südlich durch die Landshuter Straße, dann kurz rechts aufwärts durch die Bolkostraße und schließlich in wenigen Minuten zu den stattlichen Resten der auf einem 396 m hohen Tonschieferfelsen gelegenen Bolkoburg

Der Bau der Burg wurde im 13. Jahrhundert durch Herzog Bolko I. von Schweidnitz in Angriff genommen. Im 30jährigen Krieg von den Spaniern zerstört, gerät dann im 18. Jahrhundert immer mehr in Verfall.

Rechts im Burghof erhebt sich der 22 m hohe Bergfried. Möchte man von diesem Turm die schöne Aussicht genießen, sind vorher noch 98 Stufen zu erklimmen. Links befindet sich das Frauenhaus, geradeaus gelangt man zum Herrenhaus.

Weitere Spaziergänge von Bolkenhain führen zur Wilhelmshöh [im Südosten] und zur Richardshöh [im Nordosten].

SCHWEINHAUS

Nur 20 Minuten nordöstlich vom Bahnhof Bolkenhain ragen [auf einer Porphyrkuppe] die bedeutenden Reste des um 1620 – 1630 neu erbauten Schlosses Schweinhaus empor. Im Volksmund wird das Schloss, der Stammsitz derer von Schweinichen, auch gern „das alte Sauhäusel" genannt. Jetzt gehört es zum Besitz der Grafen Hoyos.

Das Schweinhaus ist ein interessanter Bau der Frührenaissance, der allerdings nur noch als Ruine vorhanden ist. Doch wegen der architektonischen Gliederungen und der wohlerhaltenen Reste eigentümlicher Stuckverzierungen ist die Ruine äußerst sehenswert. Einlass in die Anlage gewährt die auf einem benachbarten Gehöft wohnende Vogtin.

KAUDER

Nach Boklkenhain erreicht der Zug die Station Kauder. Auf einer 15 x 30 m großen Insel, inmitten der Wütenden Neiße, befindet sich die Ruine einer spätmittelalterlichen Burg. Nach Zerstörung in der Hussitenzeit wird die Burg wieder aufgebaut. Im 16. und 17. Jahrhundert ist sie im Besitz derer von Reibnitz, seit 1654 gehört sie den Grafen von Schweinitz und Krain. Nach Blitzeinschlägen in den Jahren 1877 und 1891 sind von der Anlage im Wesentlichen nur noch der quadratische Turm und der Schornstein des Küchentrakts vorhanden. Bolkenhain findet erstmals 1249 Erwähnung.

ROHNSTOCK

Das Dorf Rohnstock an der Wütenden Neiße wird nur 3 Bahnkilometer nach der Station Kauder angefahren. Es liegt am Rande des Gebirges – 11 km südöstlich von Jauer. Ganz in der Nähe des Dorfes ist ein frühmittelalterlicher Burghügel zu finden. Im Jahr 1305 ist für die Ortschaft deutsches Recht bezeugt, die Kirche wird 1318 erstmals urkundlich erwähnt.

1497 kommt Rohnstock von den Herren von Reibnitz an die Herren [und späteren Grafen] von Hoberg [auch Hochberg]. Das Rohnstocker Schloss stammt im Kern aus dem 16. Jahrhundert, ist aber 1720 im Barockstil umgestaltet worden. Ein weiterer Umbau ist 1870 erfolgt. Zum Schloss gehören ausgedehnte Parkanlagen, die Wirtschaftsgebäude stammen aus dem 18. Jahrhundert.

HOHENFRIEDEBERG

Wer sich für preußische Geschichte interessiert, sollte von Rohnstock aus das Städtchen Hohenfriedeberg aufsuchen, das etwa 1 Stunde südlich liegt. Im Zweiten Schlesischen Krieg hat hier Friedrich der Große die Heere der Österreicher und Sachsen geschlagen [4. Juni 1745]: Das Dragonerregiment „Markgraf von Baireuth" unter General Graf von Geßler vollendete durch gewagten Angriff den Sieg und erbeutete 66 Fahnen.

Auf der Siegeshöh befindet sich ein Aussichtsturm, wo auch Erfrischungen angeboten werden.

STRIEGAU

Von Rohnstock nach Striegau muss die Bahn schließlich noch 10 Kilometer zurücklegen. Ausflügler finden in den Gasthäusern „Deutscher Kaiser" und „Graul" gute Übernachtungsmöglichkeiten.

Striegau [223 m. ü. d. M.], am Striegauer Wasser, einem Nebenfluss der Weistritz, gelegen, ist Knotenpunkt der Staatsbahnlinien Ziegenhals – Raudten, Striegau – Maltsch und Striegau – Märzdorf. Im Jahr 1242 erhält Striegau deutsches Stadtrecht und hat im Jahr 1905 13.427 meist evangelische Einwohner. Nahe der Stadt existieren bedeutende Granit- und Basaltbrüche, an weiteren Gewerbebetrieben haben sich Granitschleifereien sowie Fabriken zur Herstellung von Kartonnagen, Zigarren, Peitschen, Stühlen, Maschinen und Leder angesiedelt.

Neben einer evangelischen kann Striegau auch eine große gotische katholische Kirche aufweisen. Das ehemalige Karmeliterkloster der Stadt wird als Strafanstalt benutzt. Unweit der Stadt laden die Striegauer Berge zu einer ausführlichen Wanderung ein.

Jauer

16 Bahnkilometer von Striegau entfernt liegt an der Wütenden Neiße die Stadt Jauer [193 m ü. d. M.]. Sie ist Kreisstadt im preußischen Regierungsbezirk Liegnitz und Knotenpunkt der Staatsbahnlinien Ziegenhals – Raudten, Jauer – Rohnstock sowie der Kleinbahn Jauer – Maltsch. Mit dem Infanteriebataillon Nr. 154 beherbergt Jauer im Jahr 1900 13.024 meist evangelische Einwohner. In der Stadt werden Maschinen, Patentachsen, Federn, Tuche und Zigarren hergestellt. Berühmt ist Jauer auch wegen seiner schmackhaften Würste.

Reisende finden in Jauer Unterkunft in den Gasthäusern „Drei Kronen" und „Deutsches Haus".

Jauer

Jauer, als deutsche Stadt neben einem slawischen Dorf errichtet, wird urkundlich erstmals im Jahr 1242 erwähnt, erhält 1273 das Meilenrecht und ist seit 1303 Hauptstadt des Fürstentums Jauer. Dieses umfasste seinerzeit den südlichen Teil des preußischen Regierungsbezirkes Liegnitz [in etwa die Kreise Bunzlau, Hirschberg, Schönau, Jauer und Löwenberg]. In der Zeit von 1392 – 1741 gehörte das Fürstentum zu Böhmen.

Wanderung durch Jauer

Geht man vom Bahnhof durch die Bahnhofstraße, Liegnitzer Straße und Martinstraße ist bald die katholische Pfarrkirche St. Martin erreicht. Bei dem Gotteshaus handelt es sich um einen dreischiffigen spätgotischen Werksteinbau mit einem sehenswerten Südportal im Renaissancestil aus dem 17. Jahrhundert. Das Innere der Kirche wartet mit schönem Chorgestühl im Frührenaissancestil auf.

Jauer. Der Ring

Die Liegnitzer Straße mündet in den von Lauben umgebenen Markt, in dessen Mitte sich das stattliche Rathaus aus dem Jahr 1897 befindet. Es verfügt über einen 65 m hohen Turm von 1537, den ein zweimal durchbrochener Barockhelm krönt. Südlich des Rathauses schließt sich das Theater an.

Von der Nordwest-Ecke des Rings führt die Goldberger Straße über den Neumarkt in etwa 5 Minuten zur evangelischen Friedenskirche, einem 1656 vollendeten Fachwerk-

Jauer. Friedenskirche

bau. Nicht weit von der Ring-Westseite steht das ehemalige Schloss, das seit 1746 als Strafanstalt genutzt wird. Südwestlich des Rings erhebt sich in der Klosterstraße die ehemalige Franziskanerkirche, die jetzt als Speicher dient. In der Striegauer Straße, südöstlich vom Ring, sind noch Reste der mittelalterlichen Stadtbefestigung [wie der Striegenturm] zu besichtigen.

Ausflüge in die Umgebung
Am Eingang des malerischen Moisdorfer Grundes, ungefähr 1 ¼ Stunden südwestlich von Jauer, liegt die Ortschaft Moisdorf. Von hier bietet sich eine schöne Wanderung durch den Grund bis zur Felsgruppe Gemskrichel an, für die etwa eine ¾ Stunde zu veranschlagen ist. Auch eine Wanderung durch die dicht bewaldeten Heßberge sind lohnenswert.

MIT DEM ZUG IN RICHTUNG GLATZ

Nach den verschiedenen Ausflügen und Abstechern von Greiffenberg aus, fahren wir mit dem Zug weiter in Richtung Glatz. Bald hinter Greiffenberg eröffnet sich uns ein herrlicher Blick auf das Riesengebirge, und bei Kilometerstand 51 erreicht der Zug den Bahnhof von Rabishau, nach weiteren 10 km fahren wir in die Station Altkemnitz ein.

ALTKEMNITZ
Das Dorf, eines der Stammsitze der Herren von Schaffgotsch [seit 1708 reichsgräflich], besitzt ein Schloss, das bis auf einen Wohnturm des Herrensitzes zurückgeht. Das Schloss ist 1562 im Stil der Renaissance ausgebaut, aber 1617 von Hans Ulrich von Schaffgotsch neu errichtet und mit einer herrlichen Parkanlage versehen worden. Erhalten sind vom Schloss u. a. Reste des Turmes und der Mauern, Teile des Wirtschaftshofes sowie ein Torbogen aus dem Jahr 1757.

Der katholischen Pfarrkirche des Ortes – St. Johannes – sind bereits im Jahr 1370 von der Familie Schaffgotsch Stiftungen gemacht worden. Das noch vorhandene Kirchengebäude geht bis ins 15. Jahrhundert zurück, der Chor der Kirche zeigt die Jahreszahl 1624. Zu dieser Zeit ist die Kirche für den protestantischen Gottesdienst ausgebaut worden, doch bereits im Laufe des 30jährigen Krieges wurde sie wieder rekatholisiert.

Ausflüge in die Umgebung
Von Altkemnitz gelangt der Wanderer in 3 Stunden zur nordöstlich davon gelegenen Bobertalsperre. [Bad] Berthelsdorf liegt von Altkemnitz 1 ¼ Stunden entfernt, und durch das malerische Tal der Kemnitz ist in einer ¾ Stunde zum 351 m hohen Bernskenstein zu gelangen. Etwa 1 ¼ Stunden südlich von Altkemnitz führt ein Weg über Krommenau und Jungseifershau zu den Bibersteinen. Von der Spitze des 610 m hohen Großen Bibersteins besteht besonders abends ein atemberaubender Blick auf die Umgebung.

REIBNITZ

Sechs Bahnkilometer nach Altkemnitz wird das langgestreckte Dorf Reibnitz angefahren. Die alte katholische Kirche des Ortes ist bereits 1393 erstmals urkundlich erwähnt, der noch erhaltene Bau stammt allerdings aus dem 15. Jahrhundert.

Im Jahr 1747 haben auch die evangelischen Einwohner des Ortes die Erlaubnis erhalten, ein Bethaus zu errichten. Der Altar, der Taufstein und die Kanzel dafür werden 1778 gestiftet, die Orgel 1784, erst zwei Jahre später ist die Kirche fertig ausgemalt.

In der Nähe von Reibnitz ist auf einem 20 m hohen bewaldeten Hügel die Schlossruine „Lausepelz", die Reste eines zweigeschossigen Hochschlosses aus dem 16. und 17. Jahrhundert, zu erkunden. Bereits im 14. Jahrhundert hat an gleicher Stelle eine Burg gestanden.

HIRSCHBERG

Nach Reibnitz dampft der Zug in das Hirschberger Becken hinab und überschreitet auf einem 167 m langen und 33 m hohen Viadukt den Bober. Links bietet sich ein schöner Blick in die Sattlerschlucht hinein, danach überquert der Zug nochmals eine eiserne Brücke. Rechts taucht die Gnadenkirche von Hirschberg auf und nach 11 km erreicht der Zug schließlich den Bahnhof von Hirschberg, dem Ausgangspunkt für unsere Ausflüge durch das Riesengebirge.

Die Gnadenkirche bei Hirschberg mit Kanzel

DAS RIESENGEBIRGE

Das Riesengebirge bildet den höchsten Teil der Sudeten und das eigentliche Hochgebirge des gesamten Massivs. Im engeren Sinne beginnt das Gebirge am Bobertal [bei Landeshut] und erstreckt sich bis zu den Quellen des Großen Zackens.

Der Name „Riesengebirge" soll auf die hölzernen Rutschbahnen, die sogenannten *Holzriesen*, zurückgehen, die im 16. Jahrhundert an den Südhängen des Gebirges von Tiroler Holzknechten angelegt worden sind, um auf ihnen das Holz schnell ins Tal befördern zu können.

Auffällig häufen sich hier Namen, die mit „Riesen-" zusammengesetzt sind: Riesenkamm, Riesenberg u.v.a.

Riesengebirge. Riesenbaude mit Schneekoppe

In zwei ungleiche Bereiche wird das Gebirge durch den Pass an den Grenzbauden geteilt. Der östliche Teil heißt Landeshuter Kamm, der westliche formt das eigentliche Riesengebirge. Dieses besteht erst einmal nur aus einem Kamm, der nach Westen immer mehr ansteigt und in der Schneekoppe [1.605 m] seinen höchsten Punkt erreicht.

DAS RIESENGEBIRGE.

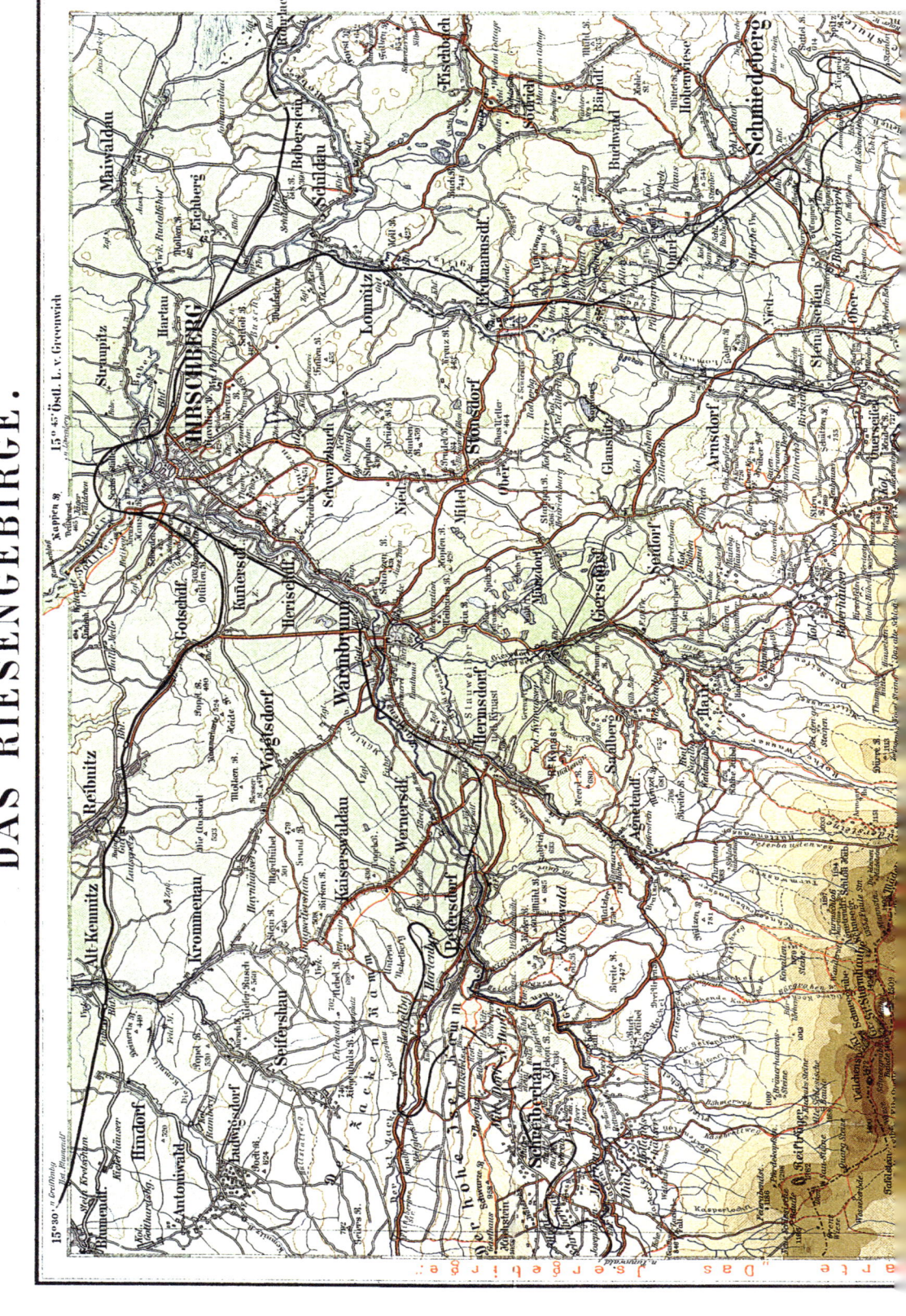

Maßstab 1:100000

1 Kilometer in der Natur = 1 Zentimeter auf der Karte.

Höhenschichten in Metern über dem Meer

Eisenbahn. — Bhf. Bahnhof. — Fahrbare Wege — Chaussee. Landstraße. Vizinalweg. Fußwege. — Landesgrenze. — Rte. Baude. F. Försterhaus. o. Mühle. Vw. Vorwerk. W.H. Wirtshaus. Z. Ziegele.

Riesengebirge. Hampelbaude mit Schneekoppe

DIE REISE DURCH DAS RIESENGEBIRGE

Um die wichtigsten Sehenswürdigkeiten des Riesengebirges in einem überschaubaren Zeitraum [5 bis 6 Tage] besuchen zu können, wählen wir als Ausgangspunkt für unseren Ausflug die dafür besonders günstig gelegene Stadt Hirschberg.

Rübezahl, Herr der Berge [des Riesengebirges]

RÜBEZAHL

Von nun an können wir nicht mehr sicher sein, ob uns bei unseren Ausflügen Rübezahl beobachtet oder sich sogar in unauffälliger Gestalt unserer Wanderung anschließt: So heißt es wenigstens noch immer – halb im Spaß, halb im Ernst – in abgelegenen Gebieten des Riesengebirges.

Der Volkssage nach ist Rübezahl der Berggeist des Gebirges. Der Name ist allerdings ein Spottname, den der gleichen Sage nach der „Herr der Berge" nur sehr ungern hört. Rübezahl wird für so manchen Schabernack verantwortlich gemacht und natürlich für das ständig wechselnde Wetter im Gebirge. Am Hang der Schwarzen Koppe zeigt man den Besuchern des Gebirges gern „Rübezahls Lustgarten". Auch sonst werden eigentümliche Steinbildungen des Gebirges gern nach Rübezahl benannt. Die vielen Sagen, die sich um den umtriebigen Berggeist ranken, hat Musäus in den „Volksmärchen der Deutschen" festgehalten.

DAS HIRSCHBERGER TAL

Das Hirschberger Tal ist eine tiefe Einsenkung zwischen dem Riesen- und dem Bober-Katzbach-Gebirge. Es ist eine anmutige, fruchtbare und stark bevölkerte Landschaft, die durch die Berggruppe von Stonsdorf [Prudelberg (484 m), Stangenberg mit Heinrichsburg (506 m)], in ein östliches und westliches Becken geteilt wird. In seinem nördlichen Teil durchfließt der Bober das Tal. Aus dem östlichen Becken fließt die Lomnitz, aus dem westlichen der Zacken in die Bober. Der gesamte Talkessel wird von der Stadt Hirschberg, nach der er seinen Namen trägt, beherrscht.

HIRSCHBERG

Hirschberg [342 m ü. d. M.] ist eine Kreisstadt im preußischen Regierungsbezirk Liegnitz. Die Stadt liegt in anmutiger Lage an der Einmündung des Zackens in den Bober und ist Knotenpunkt der Staatsbahnlinien Kohlfurt – Glatz, Hirschberg – Grünthal und Hirschberg – Schmiedeberg. Im Jahr 1900 leben hier, zusammen mit dem Jägerbataillon Nr. 5, 17.865 Einwohner, darunter 4.118 Katholiken.

Hirschberg vom Kaiserturm aus gesehen

Als Industrie hat sich in Hirschberg Kammgarnspinnerei angesiedelt. Außerdem werden in der Stadt Leinen- und Baumwollwaren, Kartonagen, Zigarren, künstliche Blumen, Maschinen, Papier, Holz- und Strohstoffe, Portlandzement und Porzellan hergestellt.

Hirschberg. Bahnhofstraße

Auch besteht ein lebhafter Handel mit Getreide, Leinwand, Wein, Zement sowie Butter.
So ist Hirschberg die wichtigste Handelsstadt im schlesischen Gebirge.

Für Ausflügler hat die Stadt zahlreiche Übernachtungsmöglichkeiten vorzuweisen. In
den Anlagen befindet sich der „Preußische Hof", wo Zimmer Z.L.B. für 1 Mark 50 bis
3 Mark zu erhalten sind. Frühstück kostet 75 Pfenning, ein Mittagessen 1 Mark 50.
Ebenfalls in den Anlagen liegt „Thamms Hotel", wo eine Übernachtung ab 2 Mark angeboten wird, und „Heerdes Hotel". In der Bahnhofstraße können im Gasthaus „Drei
Berge" Zimmer gemietet werden [Übernachtung ab 2 Mark]. Der „Deutsche Hof" am
Bahnhof wird in Reiseführern stets mit „gut" bewertet. Zimmer kosten hier 1 Mark 50
bis 2 Mark. Zwischen Bahnhof und Stadt stellt das „Belevue" Quartiere zur Verfügung.
Wer dagegen direkt in der Stadt übernachten möchte, der findet am Markt zahlreiche
Hotels vor: Darunter das „Weiße Ross", das „Deutsche Haus", das „Goldene Schwert"
und die „Drei Kronen".

Für gute Speisen empfehlen sich der „Ratskeller" am Markt oder das Restaurant „Zur
Riesen-Kastanie" in der Schmiedebergstraße.

Vom Bahnhof führt rechts die Bahnhofstraße zur etwa eine ¼ Stunde entfernten Altstadt. Nicht weit weg, gleich nördlich der Bahnhofstraße, erhebt sich die große
kreuzförmig angelegte evangelische Gnadenkirche. Sie ist in den Jahren 1709 bis 1718

Hirschberg. Blick vom Hausberg

Hirschberg. Marktplatz und Rathaus

Hirschberg. Kornlaube und Rathaus

nach dem Vorbild der Katharinenkirche in Stockholm von Martin Frantz aus Reval errichtet worden und die künstlerisch bedeutendste der sechs Gnadenkirchen, die man den schlesischen Protestanten 1707 im Vertrag von Altranstädt [zwischen dem schwedischen König Karl XII. und dem Kaiser Joseph I.] zugestanden hat.

Am Eingang der Altstadt steht die altkatholische St. Annenkirche, die nach dem Brand von 1634 im barocken Stil wieder aufgebaut worden ist. Neben dem Gotteshaus befindet sich der Schildauer Torturm.

Die älteste Kirche der Stadt ist die katholische Pfarrkirche zu St. Erasmus und Pankratius aus dem 14. und 15. Jahrhundert. Die Turmbekrönung stammt allerdings erst von 1736. Im Innern der Kirche ist ein prachtvoller barocker Hochaltar von 1713 – 1718 mit den Figuren des Bildhauers Thomas Weißfeld und dem Altarbild der Verklärung Christi von Johann Kretschmer zu bewundern. Vor dem Westeingang der Kirche ist auf dem Kirchplatz eine Mariensäule von 1712 errichtet.

Den gesamten Markt der Stadt umgeben Häuser mit Laubengang. Die Fundamente der Gebäude stammen z. T. noch aus dem Mittelalter, bei den Fassenden überwiegen Häuserfronten aus der Barock- und Rokokozeit. Zu den schönsten Gebäuden gehört das im Rokokostil erbaute Haus „Zum Goldenen Schwert" an der Nordseite des Marktes.

Das Rathaus, urspünglich an der Nord-West-Seite des Marktplatzes gelegen, wird im 16. Jahrhundert durch einen Neubau ersetzt, der nun die Mitte des Marktplatzes ziert. Als 1739 der Turm des Gebäudes einstürzt, kommt es zu einem weiteren Neubau des Rathauses [unter dem preußischen Baudirektor Hedemann].

Nordwestlich des Marktes gelangt man zum Burgturm, das Museum des Riesengebirgsvereins liegt in der Kaiser-Friedrichstraße und stammt aus dem Jahr 1913. In der östlichen Vorstadt, vor dem Schildauer Tor, befindet sich die Marienkirche. Sie wird erstmals 1453 erwähnt, der noch erhaltene Bau stammt aus dem Jahr 1737. Die vor der Stadt 1449 errichtete Begräbniskirche zum Heiligen Geist ist 1907 abgebrochen worden.

Aus der Geschichte von Hirschberg
Die Anfänge der Stadt Hirschberg können historisch nicht eindeutig belegt werden, sind jedoch für das Ende des 13. Jahrhunderts anzunehmen, wobei der ursprüngliche Stadtgrundriss eine Fläche von 500 m x 500 m aufgewiesen hat.

Ab 1291 ist auf dem Hausberg auch eine Burg belegt. Während der Hussitenkriege können sich Stadt und Burg erfolgreich gegen die Angreifer verteidigen [1426], doch nur sieben Jahre später wird die Burg wieder abgebrochen.

Hirschberg. Der Marktplatz mit dem Rathaus im Winter

Hirschberg. Der Markt mit den Lauben

Im Jahr 1502 erhält Hirschberg das Recht der freien Ratswahl, im Jahr 1519 erstmals das Recht, einen Jahrmarkt abzuhalten. Bereits im Jahr 1524 wird in Hirschberg evangelisch gepredigt. Im 16. Jahrhundert gründet sich der Wohlstand der Stadt auf florierender Leinen- und Schleierweberei, und selbst der verheerende Brand im Jahr 1550 kann den Wohlstand kaum gefährden.

Im 30jährigen Krieg hat die Stadt unter den Einquartierungen beider Kriegsparteien zu leiden und wird gezwungen, hohe Kontributionszahlungen zu entrichten. Während der Belagerung des Jahres 1634 brennt erneut ein größerer Teil der Stadt nieder, und in den Jahren 1640 und 1641 finden zwei weitere Belagerungen statt. Danach hat die Stadt noch lange unter den Schäden zu leiden, die der 30jährige Krieg verursacht hat. In der 2. Hälfte des 17. und der 1. Hälfte des 18. Jahrhunderts wird Hirschberg zum Zentrum des Leinen- und Schleierhandels im schlesischen Gebirge.

Unter den Habsburgern wird die wirtschaftliche Entwicklung der Stadt aus konfessionellen Gründen stark beeinträchtigt. Durch die Altranstädter Konvention [1707] ergibt sich für die Hirschberger Bürger die Gelegenheit, ein evangelisches Gemeindezentrum mit einer Kirche vor den Toren der Stadt zu schaffen.

Besonders während der Schlesischen Kriege [unter König Friedrich II. von Preußen] leidet die Stadt erheblich, und nach der Abtrennung Schlesiens von Österreich erreicht

Die Umgebung von Hirschberg

der Leinen- und Schleierhandel nie mehr die alte Größe. Im 19. Jahrhundert bringt schließlich das Aufkommen der Webmaschinen den Handel völlig zum Erliegen.

Ausflüge von Hirschberg in die nähere Umgebung

Gleich mehrere schöne kleine Wanderungen bieten sich von Hirschberg aus an. Für einen Ausflug nach Warmbrunn benötigt man etwa 1 ¼ Stunden, für die weitere Strecke nach Hermsdorf noch einmal eine ¾ Stunde. Von Hermsdorf bis zum Kynast sind eine Stunde, von Hermsdorf zur Josephinenhütte etwa 4 Stunden einzurechnen. Von Warmbrunn nach Schmiedeberg benötigt man zu Fuß etwa 3 Stunden, ähnlich lang ist der Weg von Hermsdorf nach Schmiedeberg.

Mit der Bahn ist in 50 Minuten Schmiedeberg zu erreichen, nach Petersdorf dauert es nach Fahrplan nur zwei Minuten länger.

1. Wandertag durch das Riesengebirge

Am ersten Tag durch das Riesengebirge sind wir etwa sieben Stunden unterwegs. Der Vormittag gilt der Erkundung der Umgebung von Hirschberg [Kavalierberg, Kreuzberg, Helikon]. Der Nachmittag führt mit der Bahn nach Erdmannsdorf und danach zu Fuß über die Heinrichsburg und den Weyrichsberg nach Warmbrunn.

Zum Kavalierberg

Im Süden wird Hirschberg von herrlichen Anlagen umgeben, die sich mit einer Reihe von Villen bis zum Kavalierberg erstrecken. Hier kann in mehreren Restaurants eingekehrt werden. Die Aussicht vom Kavalierberg ist allerdings nicht sehr gut.

Zum Kreuzberg

Eine halbe Stunde südöstlich der Stadt erhebt sich der Kreuzberg, auf dessen Gipfel sich, in schönen Parks gelegen, uns ein malerisches Schloss präsentiert.

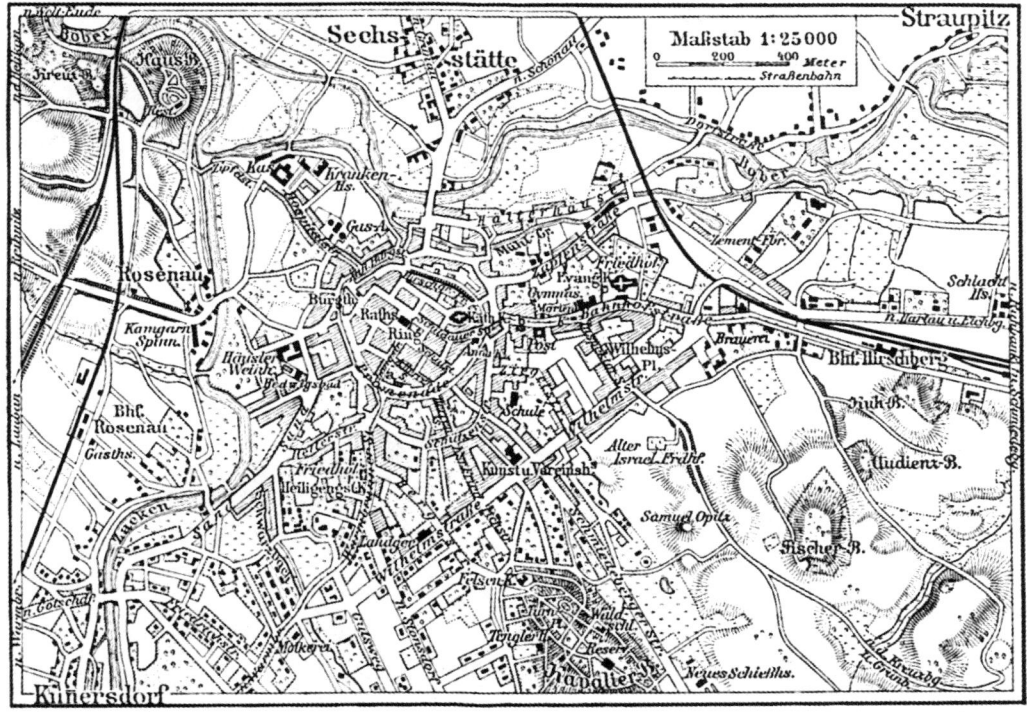

Plan von Hirschberg

Zum Hausberg und Helikon

Nordwestlich von Hirschberg, am Zusammenfluss des Zackens und des Bobers, erhebt sich der Hausberg mit seinen Parks und Anlagen. Auf dem Gipfel wartet ein Restaurant mit Erfrischungen und bietet zudem eine schöne Aussicht auf die Stadt und das Riesengebirge. Nördlich dem Hausberg gegenüber liegt der Helikon, auf dessen Gipfel sich ein Aussichtstempelchen befindet. Zum Helikon ist am besten durch das Bobertal aufzusteigen.

Hirschberg. Kavalierberg mit dem Felsenkeller-Restaurant

Hirschberg. Hausberg mit Aussichtsturm

In die Sattlerschlucht

Lohnend ist vom Helikon auch ein Marsch durch die Sattlerschlucht, das sogenannte wilde Bobertal. Zunächst geht es am linken Ufer des Bobers abwärts. Eine ¼ Stunde von Hirschberg entfernt führt jenseits des Viadukts und des Mirakelbrunnens links ein Weg zum Helikon hinauf. Zurück läuft man auf dem Waldweg und weiter zum Trafalgarfelsen, der mit einem guten Ausblick auf die Umgebung belohnt. Anschließend geleitet der Weg zu einer Schutzhütte, mit dem Blick in „Das Ende der Welt", dem schönsten Punkt bei Hirschberg. Gegenüber befindet sich ein altes Raubschloss. Ebenfalls am rechten Boberufer ist der Turmfels zu finden, ein beeindruckender, mächtiger Felsen. Für diesen kleinen Abstecher ist etwa 1 Stunde zu veranschlagen.

VON HIRSCHBERG NACH WARMBRUNN

Von Hirschberg nach Schmiedeberg sind es 15 Bahnkilometer. Der Zug benötigt für diese Strecke ca. 50 Minuten, der Fahrpreis beträgt, je nach Klasse, zwischen 60 und 90 Pfennig. Die erste Bahnstation nach Hirschberg ist Lomnitz. Der danach folgende Bahnabschnitt bietet dann den herrlichsten Blick auf das Riesengebirge. Bald erreicht der Zug Zillertal, wo die Gasthäuser „Feldschlösschen" und „Hotel zum Zillerthal" Zimmer bereit halten.

Zillertal [391 m ü. d. M.] liegt im preußischen Regierungsbezirk Liegnitz, Kreis Hirschberg. Der Ort ist Knotenpunkt der Staatsbahnlinie Hirschberg – Schmiedeberg sowie der Kleinbahn Zillertal – Krummhübel und ist 1837 von ausgewanderten evangelischen Tirolern [aus dem Zillertal] gegründet worden. Im Jahr 1905 leben hier 1.107 Einwohner. Flachsgarnspinnerei- und Weberei im Ort beschäftigen rund 1.300 Arbeiter.

Haus im Ort Zillertal [Schlesien]

ERDMANNSDORF

Zillertal ist auch Bahnstation für das etwa eine ¼ Stunde nördlich davon gelegene Erdmannsdorf [385 m ü. d. M.]. Die schönsten Hotels des Ortes befinden sich am Park. Darunter das „Schmidt", die „Reichshalle" und das „Schweizerhaus", welches durch seine gute Küche weit über Erdmannsdorf hinaus bekannt ist.

Erdmannsdorf liegt im preußischen Regierungsbezirk Liegnitz, Kreis Hirschberg, an der Lomnitz. Im Jahr 1900 leben 1.150 Einwohner im Ort. Eine Bürstenfabrik sowie Flachsspinnerei- und -weberei sind ortsansässig.

Das Dorf besitzt ein königliches Schloss mit herrlichem Park. Von 1816 – 1831 ist das Schloss im Besitz Gneisenaus [preußischer Feldmarschall, 1760 - 1831], 1832 wird es von König Friedrich Wilhelm III. angekauft und seitdem immer wieder verschönert.

In einem Privatgarten, südlich des Parks, befindet sich seit 1875 der russische Kaiserpavillon von der Wiener Weltausstellung. Die Kirche von Erdmannsdorf ist 1838 nach Plänen von Schinkel aufgeführt worden.

Wanderung von Erdmannsdorf nach Schmiedeberg

Für eine Wanderung von Erdmannsdorf nach Schmiedeberg bieten sich zwei Wege an. Die eine Strecke verläuft in südöstlicher Richtung direkt über Buchwald, die andere zuerst in östlicher Richtung ins etwa 1 Stunde entfernte Fischbach [374 m ü. d. M.].

Fischbach ist ein im Tal lang hingestrecktes Dorf [374 m ü. d. M.]. Hier ist in den Gasthäusern „Forelle" und „Trautmann" schon für 1 Mark Quartier zu beziehen.

Auch Fischbach besitzt ein stattliches Schloss. Es ist ganz von Gräben umgeben und stammt ursprünglich aus dem 14. Jahrhundert. Im 16. Jahrhundert ist es von den Grafen Kanitz ausgebaut worden. Im Jahr 1822 hat der preußische Prinz Wilhelm [† 1851] das Schloss erworben und lässt es weiter verschönern.

Heute gehört das Schloss dem Großherzog von Hessen. Das Schloss beherbergt einige Kunstwerke und zahlreiche Familienerinnerungen, die für 50 Pfennig Eintritt zu besichtigen sind.

Von Fischbach nach Schmiedeberg sind es dann etwa 1 ½ Stunden. Vom Mariannenfels geht man weiter zum Bolzenschloss, wo nach anstrengender Wanderung im dortigen Restaurant eine Erfrischung zu sich genommen wird. Danach genießt man von den Trümmern des 1643 von den Schweden zerstörten Schlosses die großartige Aussicht zum Katzbachgebirge, auf Jannowitz und auf das malerisch gelegene Kupferberg. Das Bolzenschloss ist im Besitz der Grafen von Stolberg-Wernigerode.

SCHMIEDEBERG

In Schmiedeberg bieten sich zahlreiche schöne Übernachtungsmöglichkeiten an. Der „Preußische Hof" z. B. verfügt über einen hübschen Garten, von wo aus eine gute Sicht auf das Gebirge besteht. Zimmer Z.L.B. kosten zwischen 1 Mark 50 und 3 Mark, ein Frühstück 65 Pfennig. Etwas teurer ist es im „Goldenen Stern". Doch auch im „Schwarzen Ross", im „Goldenen Löwen" und in den „Drei Kronen" findet man bequeme Zimmer. Dagegen ist das Gasthaus „Zum Deutschen Reich" in Reiseführern mit „bescheiden" bewertet.

Schmiedeberg und Schneekoppe

Schmiedeberg [472 m ü. d. M.] ist eine alte Stadt, die sich am Fuß der Schneekoppe im Tal der Eglitz lang hinzieht. Die Stadt ist Knotenpunkt der Staatsbahnlinien Hirschberg – Grünthal und Hirschberg – Schmiedeberg und weist im Jahr 1905 ca. 5.700 meist evangelische Einwohner auf.

In der Stadt hat sich eine bedeutende Teppichfabrikation [„Gevers & Schmidt"] angesiedelt, dazu bestehen Teppichgarnspinnerei, Filztuch- und Briefbeutelfabrikation, Plüsch- und Seidenweberei, Druckerei, Bleicherei, Appreturanstalten, eine lithographische Anstalt, Fabrikation von Wachswaren sowie chirurgischen Instrumenten, Metallwaren, Porzellan- und Porzellanknopf-Herstellung, Lein-, Damast- und Bandweberei, Wachsbleicherei sowie Magneteisensteingruben, Granit – und Marmorbrüche.

Schmiedeberg. Markt mit Rathaus

Schmiedeberg. Rathaus

Im Jahr 1513 wird Schmiedeberg zur Stadt erhoben und ist bis weit ins 16. Jahrhundert hinein eine bedeutende Bergstadt. Später bildet Ort einen der Mittelpunkte der schlesischen Leinenweberei. Auch ist heute durch den Abbau von Magneteisenstein der Bergbau wieder etwas bedeutender geworden.

Wegen seiner schönen Umgebung gehört Schmiedeberg zu den beliebtesten schlesischen Sommerfrischen und auch im Winter zieht das Städtchen zahlreiche Besucher an. Ein besonders reizvolles Freizeitvergnügen sind die Hörnerschlittenfahrten von und zu den Grenzbauden. Schlitten dafür sind im „Preußischen Hof" zu mieten. Eine Auffahrt dauert ca. 2 Stunden, die wesentlich schnellere und rasantere Abfahrt dagegen ist bereits nach 10 bis 20 Minuten wieder beendet.

Am westlichen Ende von Schmiedeberg liegt das Schloss Ruhberg mit herrlichen Parkanlagen. Es ist im Besitz des Fürsten Czartoryski.

Ausflüge in die Umgebung

Für die Strecke ins nördlich von Schmiedeberg gelegene Dorf Buchwald benötigt man etwa eine ¾ Stunde. Hier bietet das Gasthaus „Brauerei" Zimmer an. Nahe dem Dorf befindet sich das freiherrlich von Rotenhansche Schloss mit herrlichen Parkanlagen – allerdings ist die Besichtigung des Schlosses nicht gestattet.

Schmiedeberg. Blick auf das Kurhaus

In dem von seinem früheren Besitzer, dem Minister Graf Reden [† 1815], angelegten Park befinden sich der „Pavillon" mit der Büste des Grafen sowie die „Abtei" und die „Warte" mit schöner Aussicht. Der Schlüssel dazu ist beim Gärtner zu erhalten.

Einen schönen Blick auf das Riesengebirge gewährt das eine ¾ Stunde nordöstlich von Schmiedeberg gelegene Restaurant „Buche" an der alten Landeshuter Landstraße. Geht man auf dieser vom Restaurant noch eine ¼ Stunde weiter und biegt danach links auf den Fußweg ab, so sind nach 1 Stunde die Friesensteine [935 m], die ebenfalls eine herrliche Sicht auf die Umgebung gestatten, erreicht. Auf einer anderen nahen Felsgruppe befindet sich eine runde, schüsselförmige Vertiefung, die manche für eine alte heidnische Opferstätte halten. Von hier führt ein 1888 angelegter Weg über den Ochsenkopf nach Jannowitz.

Schmiedeberg. Moorbad

Für den Rest der Strecke – von Schmiedeberg nach Warmbrunn – bietet sich eine gemächliche Fahrt mit dem Pferdewagen an. Der Einspänner dorthin kostet 6 Mark, der Zweispänner 9 Mark.

Ausflug von Schmiedeberg über Krummhübel zur Koppe

Eine fünfstündige Wanderung führt über Krummhübel zur Koppe. Ein breiter Fahrweg verläuft zuerst südwestlich über Steinseifen, an dem kegelförmigen Pfaffenberg vorbei, in 1 ½ Stunden nach Krummhübel.

[Von Steinseifen führt auch ein direkter Weg über Wolfshau und durch den Eulengrund zur Koppe.]

Wolfshau mit Blick zum Melzergrund und der Schneekoppe

Wolfshau ist eine Siedlung, die zusammen mit anderen Berggütern dem Graf Schaffgotsch aus Bad Warmbrunn gehörte und von Holzfällern, Hirten und Köhlern bewohnt war. Die letzteren beschäftigten sich mit Holzverkohlung für Hütten und Schmiedewerkstätten aus Schmiedeberg und Steinseiffen. Die letzten Kohlenmeiler brannten in Wolfshau zur Wende des 19. zum 20. Jahrhunderts.

Der Ort liegt an der Überschneidung von zwei bekannten Riesengebirgstälern: Dem Eulengrund und dem Melzergrund und die hier durchgeführten Bergbauarbeiten nahmen ein recht großes Ausmaß an. Die Kleine Lomnitz, ein Nebenfluss der Großen Lomnitz, wurde schon früh von den Gold- und Edelsteinsuchern angezogen. Beschreibungen der Wege, die zum Flusstal führten, sind in den Wallonischen Büchern aus dem 14. und 15. Jahrhundert zu finden. Ziemlich reiche Goldfunde verursachten die Entstehung der ersten Minen. Die Spuren der damals betriebenen Minen sind allerdings längst verwischt.

Doch noch im 19. Jahrhundert erzählten Einheimische von in Felsen gemeißelten Zeichen im Melzergrund. Das Wort „maeltzen" oder „melzen" kommt von schmelzen, sodass hier zahlreiche Stollen tätig gewesen sein müssen, in denen Erze für die ortsansässigen Schmieden gefördert wurden; sie haben zur Benennung des Melzergrundes beigetragen.

KRUMMHÜBEL

Krummhübel [520 – 600 m ü. d. M.], an der Kleinen Lomnitz, am Fuß des Riesengebirges gelegen, ist ein Dorf im preußischen Regierungsbezirk Liegnitz, Kreis Hirschberg.

Um 1900 hat der Ort 837 Einwohner und ist eine vielbesuchte Sommerfrische. In Krummhübel kann in den Gasthäusern „Goldener Frieden", „Zum Riesengebirge" und „Gerichtskretscham" übernachtet werden, die in Reiseführern mit „einfach aber gut" bewertet sind. Im Gasthaus „Zur Schneekoppe" kostet ein Zimmer Z.L.B. 1 Mark 25 bis 1 Mark 75, ein Mittagessen 1 Mark 50. Ähnliche Preise berechnen auch der „Preußische Hof", die „Wilhelmshöhe" und der „Deutsche Kaiser".

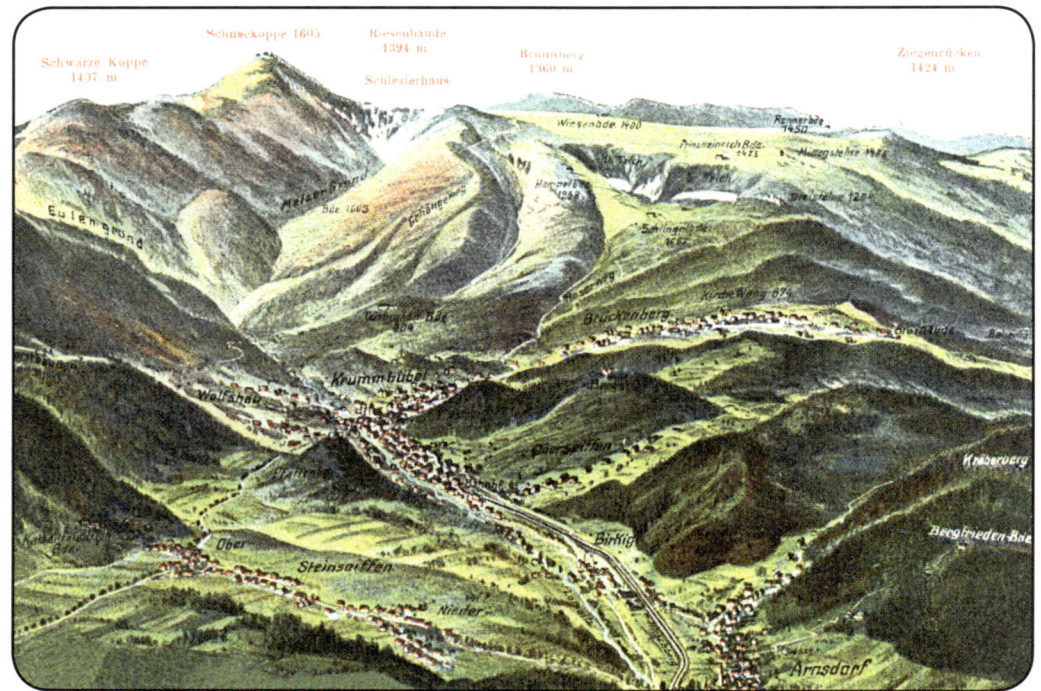

Krummhübel mit Umgebung

Beliebt ist auf dem Weg zur Kirche Wang das Gasthaus „Zum Waldhaus". In früheren Zeiten ist es der Hauptsitz der „Laboranten" [Kräuter- und Arzneihändler] gewesen, die ihren Ursprung von zwei angeblich hierher geflüchteten Prager Medizinstudenten herleiten. Ein beliebter Kräuterlikör der Gegend heißt „Pudel".

Am unteren Ende des Ortes befindet sich in malerischer Schlucht das „Alexandrinenbad". In der Nähe von Krummhübel liegt auch die Kolonie Brückenberg und das Charlottenheim, das von der Erbprinzessin Charlotte von Sachsen-Meiningen für weibliche Angehörige von Offizieren des 6. Armeekorps 1901 gegründet worden ist.

Krummhübel

Schlingelbaude

Melzergrundbaude

Durch den malerischen Melzergrund hindurch führt von Krummhübel ein Promenadenweg in 3 Stunden bis zur Koppe. Eine andere Strecke führt auf einem guten, allerdings teilweise etwas steilem Weg – an dem extra einige Ruhebänke aufgestellt sind – längs des Telegraphen in etwa 3 ½ Stunden zur Koppe.

Im Melzergrund und am Lomnitzfall

Auch kann man zum Koppengipfel durch den Eulengrund laufen, dann entlang auf dem Sattel zwischen Forstkamm und Schwarzer Koppe und schließlich über die Schwarze Koppe. Für diese Strecke sind etwa 3 ½ Stunden zu berücksichtigen.

Gut 4 Stunden sind einzuplanen, wenn die Koppe über Wolfshau erstiegen werden soll. Von dort werden die Forstbauden angesteuert, wo kleine Erfrischungen zu erstehen sind, dann geht es weiter auf dem Tabaksweg, der eine herrliche Aussicht gewährt, und um den Forstkamm herum, zu den Grenzbauden bis hinauf zur Koppe.

Auch über Wang und die Schlingelbaude führt ein Weg auf die Koppe. Für diese Strecke benötigt ein guter Wanderer etwa 3 ½ Stunden.

Alle Strecken sind von Wanderern auch ohne Führer zu bewältigen, denn schon vor 1900 sind durchweg Wegweiser aufgestellt.

Von Schmiedeberg direkt zur Koppe

Von Schmiedeberg gelangt man über den Schmiedeberger Kamm in rund 4 Stunden direkt zur Koppe. Der Weg führt aufwärts über Oberschmiedeberg und Arnsberg bis jenseits des rechts auf einem Hügel liegenden Annakirchleins. Danach läuft man rechts die Mordhöhe und den Abhang des Forstkamms hinauf und erreicht schließlich in 2 Stunden die Grenzbauden. Von dort aus ist zuerst der steile Anstieg zur Schwarzen Koppe zu bewältigen, dann wird etwa ein ½ Stunde auf ziemlich ebenem Gelände weitergegangen. Der letzte Abschnitt führt in einer ¼ Stunde steil aufwärts zum Gipfel.

Bad Warmbrunn

Die Stadt Warmbrunn [346 m ü. d. M.] hat sich auf beiden Seiten des Zackens ausgebreitet, unweit des nördlichen Abhanges des Riesengebirges, und ist im Jahr 1905 ein sauberer und reizvoller stadtähnlicher Badeort mit 4.077 Einwohnern. Um 1900 besuchen den Ort jährlich mehr als 2.300 Kurgäste und zahlreiche Sommerfrischler [1907 sind es schon 3.797 Kurgäste]. Die Stadt gehört zum preußischen Regierungsbezirk Liegnitz, Kreis Hirschberg, und liegt an der Staatsbahnlinie Hirschberg – Grünthal sowie an der elektrischen Talbahn Hirschberg – Hermsdorf.

Warmbrunn besitzt eine evangelische sowie eine katholische Kirche. Sehenswert ist vor allem das Schloss der Grafen Schaffgotsch, zu dessen Standesherrschaft Warmbrunn

Bad Warmbrunn vom Scholzenberg gesehen mit Kynast und Schneegruben

Bad Warmbrunn. Die Gallerie mit Blick zum Schloss

gehört, und das alte Propsteigebäude. Wer sich etwas länger in Warmbrunn aufhält sollte unbedingt auch das hübsche Theater aufsuchen.

Die Maschinenfabrik von Warmbrunn beschäftigt um 1905 ungefähr 600 Arbeiter. Ferner sind in der Stadt Holzschleiferei, Dampfbrauerei, Glas- und Steinschleiferei, Elfenbeinschnitzerei, Glas- und Porzellanmalerei, Biskuitbäckerei sowie Spielwaren- und Galanteriewarenfabrikation tätig.

In Warmbrunn kann in mehreren schönen Hotels übernachtet werden. Im „Hotel de Prusse" kostet ein Zimmer Z.L.B. zwischen 1 Mark 50 und 3 Mark, ein Mittagessen 1 Mark 25, ein Frühstück 80 Pfennig. Auch im „Schwarzen Adler", „Rosengarten", „Breslauer Hof", „Deutschen Hof" oder „Schwarzen Ross" sind bequeme Zimmer zu mieten. Außerdem verfügt Warmbrunn über zahlreiche preiswerte Logierhäuser und Privatquartiere.

Wer in Warmbrunn gut Speisen möchte, geht in den „Kursaal" am Schlossplatz oder in den „Goldenen Greif". Im „Kursaal" kann auch im „Café" eingekehrt werden.

Berühmt ist Warmbrunn wegen seiner sechs schwach alkalisch-salinischen Schwefelquellen. Die zum Baden und Trinken benutzten warmen Quellen garantieren eine Temperatur zwischen 26 und 41°, die schon seit Ende des 12. Jahrhunderts gegen Gicht und Hautkrankheiten eingesetzt werden.

Die Hauptbäder bilden das „Große Bad" mit dem sich daran anschließenden „Neuen Badehaus", das „Leopoldsbad" und das „Kleine Bad". Die zwei 1884 neu erbohrten Quellen im Klosterhof besitzen eine Temperatur von 26° und 33° und werden für Bäder genutzt. Im „Victoria-Hotel" ist eine lange als versiegt gehaltene Eisenquelle 1879 wieder für den Kurbetrieb eröffnet worden.

Kurgäste haben in Warmbrunn eine stattliche Kurtaxe zu bezahlen. Eine Einzelperson hat 16 Mark zu entrichten, jede weitere Person 5 Mark. Sommerfrischler werden mit 3 Mark belegt.

Warmbrunn. Die Galerie

Aus der Geschichte von Warmbrunn

Warmbrunn ist seit 1401 im Besitz der Grafen von Schaffgotsch, die dort auch das in den Jahren 1784 – 1789 errichtete Schloss bewohnen. Über die Grenzen Warmbrunns hinaus ist die gräfliche Bibliothek bekannt. Die etwa 80.000 wertvollen Bände sind in der ehemaligen Probstei untergebracht und für Besucher täglich [außer am Sonntag] von 9 – 11 sowie von 15 – 17 Uhr zu bestaunen. Ebenfalls ist dort eine schöne Münz-, Waffen- und Mineraliensammlung zu sehen.

Der Schlosspark ist nur am Dienstag und Freitag von 14 – 19 Uhr geöffnet. Ansonsten können die Besucher Warmbrunns angenehme Spaziergänge entlang der sehr schön an-gelegten schattigen Promenaden unternehmen, die sich bis nach Herischdorf ausdehnen. An diesen Promenaden liegen das Theater, der Kursaal, die Galerie sowie die Verkaufshallen der berühmten Warmbrunner Glasschleifer und Steinschneider.

In der Umgebung der Stadt bieten zahlreiche Anhöhen den Ausflüglern eine schöne Aussicht auf die Umgebung. Von diesen Höhen liegt der 372 m hohe Weihrichsberg

Warmbrunn. Der Scholzenberg

Warmbrunn. Origineller Wegweiser im Füllner-Park

etwa eine ¼ Stunde südöstlich der Stadt, der Kleine Spitzberg noch eine weitere ¼ Stunde entfernt. [Der Scholzenberg (434 m) ist in seiner oberen Hälfte nicht zugänglich].

Ausflüge von Warmbrunn mit dem Pferdewagen

Von Warmbrunn können zahlreiche Ausflugsfahrten mit dem Pferdewagen unternommen werden. Im Einspänner kostet eine Fahrt pro Tag 9 Mark, für einen halben Tag 5 Mark. Etwas teurer sind die Zweispänner, die pro Tag 12 Mark kosten, ein halber Tag 7 Mark 50.

Beliebt sind Fahrten nach Agnetendorf, Buchwelt, Erdmannsdorf, Fischbach, Hain, Hirschberg oder zur Josephinenhütte und dem Kynast. Auch nach Kaiserswaldau, Krummhübel, Petersdorf, Stonsdorf, Seidorf, Schreiberhau und Schmiedeberg sind die Pferdewagen unterwegs. Der Postomnibus fährt von Warmbrunn zweimal täglich nach Reibnitz und benötigt dafür etwa eine ¾ Stunde.

Hain. Oblassers Hotel

Ausflug nach Wernersdorf

Westlich von Warmbrunn 1 ¼ Stunden [von Hermsdorf 1 Stunde] entfernt, liegt Wernersdorf, wo im Gasthof „Zum freundlichen Hain" eine Erfrischung zu sich genommen werden kann.

Gestärkt sind danach die unweit von Wernersdorf gelegenen Bibersteine zu erklimmen. Diese mächtige Felspartie gewährt von seinem Gipfel, dem 610 m hohen Großen Biberstein, besonders abends eine herrliche Aussicht auf die Umgebung.

Der Hainfall [½ Stunde von Giersdorf entfernt]

2. WANDERTAG DURCH DAS RIESENGEBIRGE

Der zweite Tag führt zuerst nach Hermsdorf und anschließend auf den Kynast. Darauf wird über den Heerdberg nach Agnetendorf und weiter auf die Bismarckhöhe marschiert. Dort entscheiden wir, ob nach Petersdorf und Schreiberhau [mit Abstecher zum Kochelfall und Zackelfall] und Josephinenhütte gelaufen werden soll. Für die gesamte Strecke sind zwischen 6 ¼ und 8 Stunden anzusetzen.

HERMSDORF UNTERM KYNAST

Von Warmbrunn wird nach Hermsdorf gelaufen, wo auch Wanderführer, Sesselträger und Reitpferde [nach fester Taxe] gemietet werden können.

Bad Hermsdorf. Bahnhof

Der Fußmarsch nach Hermsdorf ist zwar nicht sehr beschwerlich, doch Ausflügler können in Warmbrunn auch in den Zug nach Petersdorf einsteigen, um nach Hermsdorf zu gelangen. Bei schönem Wetter allerdings bietet sich eher eine Fahrt mit dem Pferdewagen an. Die einfache Strecke Warmbrunn – Hermsdorf kostet im Einspänner 2 ½ Mark, im Zweispänner 3 Mark.

In Hermsdorf stehen zahlreiche Übernachtungsmöglichkeiten zur Verfügung. In „Tietzes Hotel" kostet ein Zimmer Z.L.B. 2 Mark 50, ein Frühstück 70 Pfennig. Im Niederdorf kann in der „Deutschen Krone" eingekehrt werden, „Schnabels Gasthof" befindet sich an der Haltestelle der Postwagen. Daneben existieren die Gasthäuser

Burgruine Kynast mit Hermsdorf

„Zum Kynast" und „Goldener Stern", welche in Reiseführern stets mit dem Prädikat „einfach aber ganz gut" bewertet sind. Außer in den Gasthäusern sind in Hermsdorf auch in mehreren Privathäusern Zimmer zu mieten. Für die Sommerzeit ist eine Voranmeldung in den Hotels von Hermsdorf dringend geboten, die zu dieser Zeit meist ausgebucht sind.

Hermsdorf [400 m ü. d. M.] ist ein ansehnliches Dorf, das besonders von Warmbrunn aus häufig besucht wird. Seine schöne Lage, unmittelbar am Abhang des Gebirges, hat den Ort zu einer beliebten Sommerfrische und zu einem geeigneten Standquartier für weitere Ausflüge werden lassen.

Hermsdorf unterm Kynast [345 m – 418 m ü. d. M.] gehört zum Regierungsbezirk Liegnitz, Kreis Hirschberg. Das Dorf, malerisch am Fuß des Riesengebirges gelegen, hat Anschluss an die Staatsbahnlinie Hirschberg – Grüntal. Außerdem besteht nach Hirschberg eine elektrische Straßenbahnverbindung.

Im Jahr 1900 leben in Hermsdorf 2.663 Einwohner. Angesiedelt haben sich im Ort eine Maschinenfabrik und Ziegeleien sowie Werke für Glasschleiferei und Glasgravierung. Zudem werden in Hermsdorf Riemscheiben und Holzstoffe hergestellt. Im Dorf befindet sich auch das Schloss des Grafen von Schaffgotsch, das als Verwaltungsamt genutzt wird.

KYNAST

Die noch recht wohlerhaltene Ruine der Burg Kynast [657 m] erhebt sich auf einem bewaldeten Granitkegel und überragt die Ortschaft Hermsdorf.

Weil der Fahrweg auf den Gipfel sich um den westlichen und südlichen Abhang herumzieht und keinerlei Schatten bietet, sollte man für den Aufstieg zur Burg besser den Pfad wählen, der vom gräflichen Schweizerhaus links ab und danach auf der nördlichen Seite am Kegel hinaufführt.

Mindestens seit 1393 ist die Burg im Besitz der Familie Schaffgotsch. Weder in der Hussitenzeit noch im 30jährigen Krieg ist die Burg erobert worden. Zerstört wird sie erst 1675 durch einen Blitz.

Auf dem Kynast spielt die von Theodor Körner [1791 – 1813] durch ein Gedicht weiter bekannt gemachte Sage von der spröden Kunigunde und dem kühnen Ritt auf der Burgmauer.

Neben dem inneren Burgtor lädt ein Restaurant zum Verweilen ein. Möchte man den Turm der alten Burg erklimmen, müssen 10 Pfennig Eintritt bezahlt werden. Für die Besichtigung der übrigen Räume der Burg werden noch einmal 30 Pfennig fällig.

Die Burgruine Kynast

Kynast. Burgruine

Ritt auf der Mauer des Kynastburg

HEERDBERG

Vom Kynast hinab läuft man durch den Höllengrund, der den Kynast vom Heerdberg [660 m] trennt. Links um den Heerdberg herum, der in etwa einer ¾ Stunde erstiegen ist, leitet ein schöner Weg durch den Wald nach Agnetendorf.

Agnetendorf. Beyers Hotel

AGNETENDORF

Eine ¾ Stunde südlich von Hermsdorf entfernt und anmutig in einem Talgrund gelegen, hat sich die Ortschaft Agnetendorf [530 m ü. d. M.] gebildet. Hier können Wanderer im „Deutschen Kaiser", der in Reiseführern stets mit „gut und billig" bewertet wird, oder in „Vogels Hotel", das auch immer ausdrücklich gelobt wird, Quartier beziehen.

Zur Bismarckhöhe

Geht man von Agnetendorf weiter, so ist in einer weiteren ¾ Stunde die 714 m hohe Bismarckhöhe erreicht, ein vielbesuchter Aussichtspunkt mit Gaststätte, wo erschöpften Wandersleuten Erfrischungen angeboten werden. Ohne den Umweg über Agnetendorf ist die Bismarckhöhe auch von Hermsdorf schon in 1 Stunde erwandert.

Von der Bismarckhöhe führt der sogenannte „Leiterweg", eine recht gute Straße am Bartsch entlang, in etwa 2 Stunden nach Schreiberhau. Nach rund 1 ¼ Stunden kommt man rechts an eine Abzweigung, die in etwa einer ½ Stunde zum Kochelfall geleitet.

Agnetendorf

STONSDORF

Südöstlich von Warmbrunn ist in einer ¾ Stunde Stonsdorf [418 m ü. M.], ein Dorf mit einem Schloss des Fürsten Reuß, zu besuchen. In der dortigen „Brauerei" sind Zimmer zu finden. Nach dem Ort ist der sehr beliebte Magenlikör „Stonsdorfer Bitter" benannt.

Der mit kolossalen Granitblöcken bedeckte Prudelberg [484 m] befindet sich 20 Minuten von Stonsdorf entfernt, der Wanderern – wie auch der nahe Pfropfberg – eine schöne Aussicht auf die Umgebung gewährt.

Wird von Stonsdorf aus 40 Minuten in südwestliche Richtung gegangen, so gelangt man zu einem mit Tannen bewachsenen Hügel, dem Stangenberg [505 m], auf dem 1841 Fürst Reuß einen Turm, die sogenannte „Heinrichsburg", hat errichten lassen. Der Turm bietet eine wirklich herrliche Rundumsicht.

Am westlichen Fuß des Stangenberges liegt die kleine Ortschaft Märzdorf [geschrieben auch Merzdorf], von wo aus in etwa 1 Stunde wieder nach Warmbrunn gelangt werden kann. Wer plant, von Märzdorf weiter zu wandern, findet im Gasthaus „Bei Öfler" Zimmer.

GIERSDORF

Etwas weiter südwestlich von Märzdorf befindet sich die viel besuchte Ortschaft Giersdorf [320 m – 400 m ü. d. M.]. Im oberen Dorf bieten die Gasthäuser „Zum hohlen

Stein" und „Zur Schneekoppe", im unteren Dorf die Gasthäuser „Rüffer", „Dämmler" und „Ramsch" genehme Unterkünfte an.

Fast unmittelbar an Giersdorf schließt sich das weit zerstreute Dorf Hain [460 – 590 m] an, wo in den Gasthäusern „Oblasser" und „Linde" sowie in der Pension „Wilhelmshöhe" zu übernachten ist.

Etwa eine ½ Stunde von Giersdorf entfernt, immer im Tal des Mittelwassers aufwärts, ist in malerischer Umgebung der Hainfall zu bewundern. Nur 10 Minuten weiter wartet das Restaurant „Goldene Aussicht" auf hungrige und durstige Ausflügler.

Steigt man von hier noch höher hinauf, sind sehr merkwürdig aussehnende Felsgebilde zu bestaunen. Man gelangt zum Semmeljungen [mit schöner Aussicht], der Thumpsahütte und dem 950 m hohen Silberfall, von wo aus zum Silberkamm gewandert werden kann.

Am nördlichen Fuß des Kynasts, ca. 20 Minuten von Giersdorf, auf halber Strecke nach Hermsdorf gelegen, ist die Kolonie Kynwasser aufzusuchen und aus der hier sprudelnden Mineralquelle zu trinken. Eine Übernachtungsmöglichkeit bietet das Gasthaus „Rübezahl".

Blick auf Hain-Giersdorf

109

SEIDORF

Etwa 2 ½ km südlich von Märzdorf erscheint die Ortschaft Seidorf [384 m ü. d. M.], wo sich die Straßen, die von Warmbrunn und von Hermsdorf herführen, vereinigen. Der Ort ist beliebter Ausgangspunkt für die Koppenbesteigung und Hauptführerstation. Zur St. Annakapelle berechnet ein Führer 1 Mark 50, zur Kirche Wang 3 Mark.

Die 1481 erbaute St. Annakapelle [668 m ü. d. M.] ist von Seidorf ungefähr 1 Stunde entfernt. Am St. Annentag [26. Juli] findet hier regelmäßig ein Gottesdienst statt. Neben der St. Annakirche ist ein stattliches Forsthaus errichtet, in dem hungrige Ausflügler herzhafte Mahlzeiten bestellen können. Nur wenige Schritte davon entfernt, befindet sich die 1884 für Lungenkranke eingerichtete Heilanstalt des Dr. Schadewald.

Seidorf mit Heinrichsburg

Gleich hinter dem Försterhaus leitet ein schmaler Waldpfad zu den 20 Minuten entfernten Kräbersteinen [725 m] am nordwestlichen Abhang des Kräberberges. Von dem letzten Stein, der mit Stufen zugänglich gemacht wurde, bietet sich eine herrliche Aussicht auf die zauberhafte Gegend. Folgt man der Hermsdorfer Landstraße in östlicher Richtung, so ist schon nach kurzer Zeit die malerisch an der Lomnitz gelegene Ortschaft Arnsdorf [435 m ü. d. M.] erreicht, wo in den Gasthäusern „Ende", „Scholtz" sowie in der „Brauerei" schöne Zimmer zu mieten sind. Sehenswert ist in Arnsdorf vor allem das aus dem 17. Jahrhundert stammende Schloss. Von Arnsdorf bieten sich Ausflüge nach Steinseifen und Schmiedeberg an.

Seidorf mit Blick zur Schneekoppe

PETERSDORF

Doch wir wollen auf unserem zweiten Wandertag durch das Riesengebirge ja noch bis Schreiberhau gelangen. Deshalb gehen wir von Agnetendorf zunächst auf der Landstraße weiter nach Petersdorf.

Hat man es etwas eiliger, ist die Strecke von Hirschberg nach Petersdorf natürlich auch in 52 Minuten mit dem Zug zurückzulegen. Die Bahn überquert zuerst den Bober, dampft danach am linken Ufer des Zackens entlang und fährt über Rosenau, Kunersdorf und der immer häufiger aufgesuchten Sommerfrische Herischdorf die Stadt Warmbrunn an. Von hier geht es über Hermsdorf weiter nach Petersdorf.

Petersdorf [360 m – 425 m ü. d. M.] ist ein langgestreckter Ort zu beiden Seiten des Zackens am Fuß bewaldeter Berge des Riesengebirges. Die Ortschaft gehört zum preußischen Regierungsbezirk Liegnitz, Kreis Hirschberg, und hat Anschluss an die Staatsbahnlinie Hirschberg – Grüntal. Im Jahr 1905 besitzt Petersdorf 3.275 Einwohner. Neben einem Sägewerk haben sich Papier-, Holzstoff- und Glasfabrikation angesiedelt. Schon lange vor der Jahrhundertwende ist Petersdorf ein beliebter Ausflugsort.

Gleich am Ortseingang bietet das Gasthaus „Kronprinz" Zimmer an. Dazu existieren in Petersdorf noch zahlreiche andere Gasthäuser, die bequeme und recht preiswerte Zimmer bereithalten: „Trenkers Gasthaus", „Deutscher Kaiser", „Zum Zacken", „Zum Kochelfall", „Zur Hoffnung" oder „Zum Goldenen Stern". In „Prenzels Gasthaus", das auch einen schönen Garten besitzt, werden sogar Bäder angeboten.

Berühmt ist die von Fritz Heckert in Petersdorf errichtete Kunstglashütte, deren ausgezeichnete Herstellung speziell gemalter Gläser besondere künstlerische Leistungen darstellen. Die in der Heckert'schen Glasmanufaktur (gegründet 1866) gezeigte Ausstellung kunstvoller Glasgegenstände findet stets großes Interesse der Besucher von Petersdorf.

Auch einen Ausflug zum Moltkefelsen [686 m] sollte man auf jeden Fall unternehmen. Der Aufstieg beginnt hinter dem Gasthaus „Zum Goldenen Stern", führt über den Zacken und anschließend eine ¾ Stunde bergauf. Auf dem Moltkefelsen, der einen schönen Blick auf die Umgebung gewährt, steht ein Restaurant.

Petersdorf mit der Fabrik der Glanzfäden-Aktien-Gesellschaft

DIE RIESENGEBIRGSBAHN
Von Petersdorf bei Warmbrunn bis nach Tannwald in Böhmen fährt die Riesengebirgsbahn. Diese, teils eine Zahnrad- und teils eine Adhäsionsbahn, ist im Jahr 1902 eröffnet worden. Die Strecke ist 39 km lang und schlängelt sich durch das Tal des Großen Zackens, durchzieht dann in großen Windungen Schreiberhau, überschreitet bald die Grenzscheide zwischen Riesengebirge und Mittel-Iserkamm und erreicht bei einer Höhe von 699 m schließlich die Grenzstation Grünwald.

Nach Grünwald durchfährt der Zug den 932 m langen Polauner Haupttunnel im Welschen Kamm und stößt danach bei Tannwald auf das böhmische Eisenbahnnetz.

SCHREIBERHAU

Von Petersdorf geht es auf der Landstraße im engen Tal des Zackens, der über Felsenblöcke wild dahinstürzt, aufwärts nach Schreiberhau.

Bei einer Trinkhalle, etwa 20 Minuten oberhalb des Gasthauses „Zum Kochelfall", zweigt links ein Trampelpfad ab und führt durch ein schön bewaldetes Tal in wenigen Minuten zum 12 m hohen Kochelfall.

Die Landstraße verläuft durch das sehr zerstreute, sich fast über das gesamte Talbecken ausbreitende Dorf Schreiberhau, der höchstgelegenen Ortschaft Schlesiens [630 m ü. d. M.], wo deshalb auch eine meteorologische Station gebaut wurde. In Schreiberhau leben um 1900 ca. 3.500 Einwohner, die ihren Lebensunterhalt hauptsächlich mit dem Fremdenverkehr [besonders die Josephinenhütte], mit Forstarbeiten und in Glasschleifereien verdienen.

Kochelfall mit Baude

An der Straße von Schreiberhau liegen zahlreiche Gast- und Logierhäuser, die zu längerem Verweilen einladen. Zu nennen sind das Gasthaus „Zum Zackenfall", das 625 m über dem Meeresspiegel liegt, das Gasthaus „Marienthal" sowie „Königs Hotel", welches gegenüber der Post zu finden ist und in Reiseführern immer besonders gelobt wird. Oberhalb vom Gasthaus „Marienthal" und „Königs Hotel" ist der „Weißenbachhof" erbaut, der auch Bäder im Angebot hat.

Der Kochelfall bei Hochwasser

Ober-Schreiberhau

Vom Waldhaus „Zur Zackenklamm" führt ein schöner Waldweg zum etwa 1 ½ km entfernten Zackelfall am Fuß des Reifträgers. Am Weg zum Hochstein kann das Gasthaus „Zum Waldschlösschen" aufgesucht werden, von wo aus eine schöne Aussicht auf die weite Umgebung besteht.

Weiter auf der Straße, nur wenige Minuten oberhalb von „Königs Hotel", wird das Gasthaus „Zur Josephinenhütte" [705 m] erreicht, dem Hauptquartier der Führer und Sesselträger zur Koppe.

Die Josephinenhütte selbst ist die kunstreichste aller schlesischen Glashütten und gehört dem Grafen Schaffgotsch. Bereits im 14. Jahrhundert entsteht auf dem Boden der Grafen von Schaffgotsch eine Glashütte. 1842 lässt Leopold Graf Schaffgotsch die Hütte weiter ausbauen und nennt sie in Anlehnung an den Namen seiner Ehefrau, der Reichsgräfin Clementine Josephine Schaffgotsch, Josephinenhütte.

Zu den Produkten zählen kunstveredelte Gläser, Kelche, Flaschen und Rubinglas. Um 1900 stellt die Hütte ihre Produktion auf das neu entdeckte Bleikristall um. Besuchern ist es von 9 bis 12 Uhr sowie von 15 bis 18 Uhr gestattet, die umfangreichen und sehr sehenswerten Ausstellungsräume der Glashütte zu besichtigen. In der Nähe der Josephinenhütte ragt ein mächtiger Fels, der Rabenstein, steil empor.

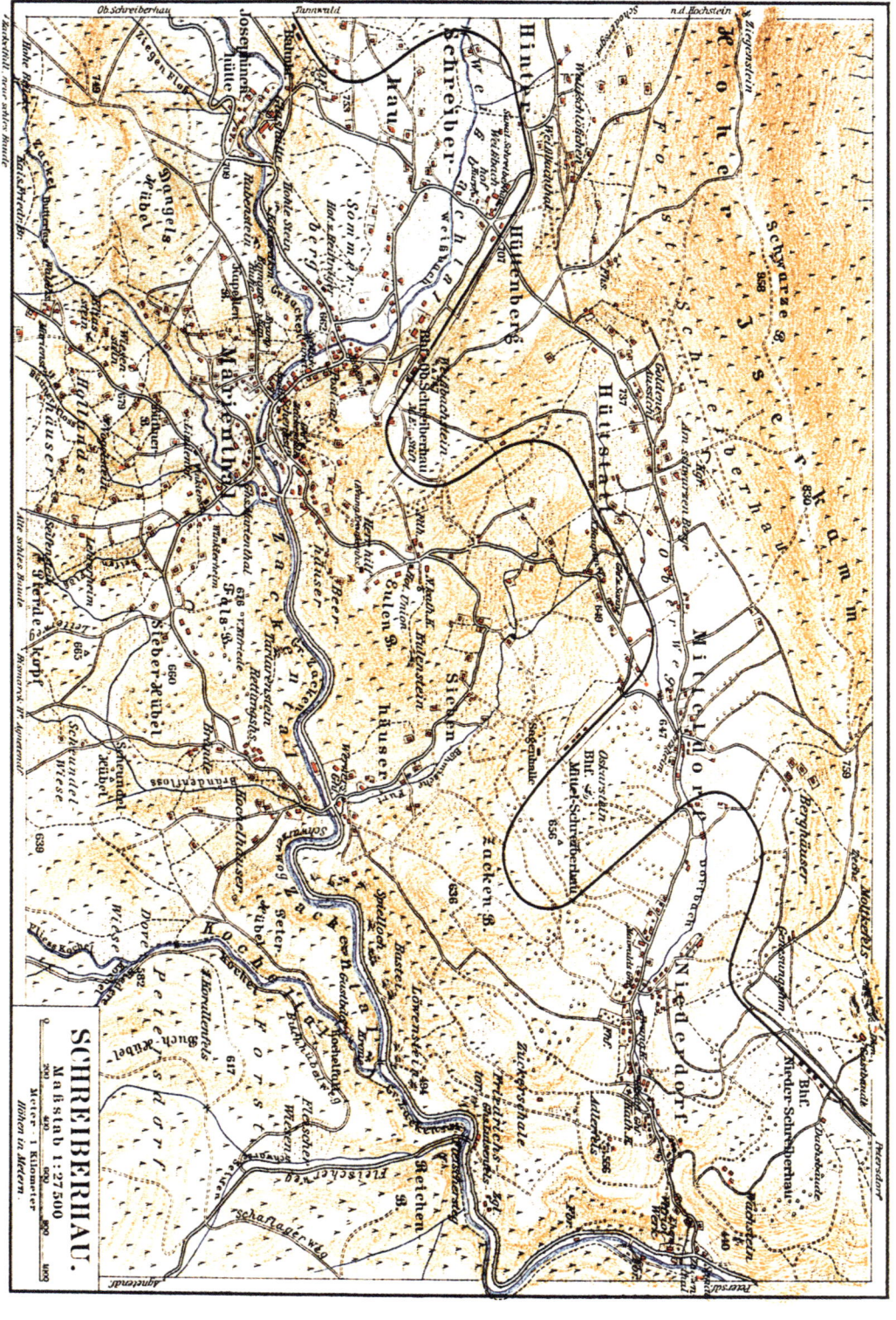

SCHREIBERHAU.

Maßstab 1:27500

Höhen in Metern.

Mittel-Schreiberhau

Ausflüge in die Umgebung von Schreiberhau

Von der Josephinenhütte aus bietet sich ein interessanter Ausflug zu der erst 1890 erschlossenen Zackenklamm an. Diese liegt südlich der Hütte und ist auf einem schön angelegten Weg in ca. 30 Minuten erreicht.

Sehenswert ist vor allem der 25 m hohe Zackelfall, der von prächtigem Wald eingerahmte Fall des Zackerle, der gern als der schönste Wasserfall des gesamten Riesengebirges bezeichnet wird. Das dortige Restaurant bietet auch Nachtquartiere an.

Nordwestlich der Josephinenhütte erhebt sich der Hochstein [1.058 m], auf dessen Gipfel sich eine Baude befindet. Auch hier werden Nachtlager für Wanderer angeboten. Der Hochstein ist von geübten Bergwanderern in etwa 1 Stunde zu ersteigen. Wer etwas unsicher ist, kann für 2 Mark einen Führer mieten, für einen Stuhlträger müssen 3 Mark 50 entrichtet werden.

Auf 750 m Höhe überschreitet die Landstraße die Grenze zum Kaiserreich Österreich und führt über Neuwelt, von wo eine Fahrstraße an der Iser aufwärts ins schön gelegene Ober- und Niederrochlitz, dann nach Tannenwald und schließlich Reichenberg führt. Lohnend ist auch eine Wanderung von Neuwelt über den Mummelfall und Pantschefall zur Elbfallbaude.

Ober-Schreiberhau mit dem Rabenstein

3. Wandertag durch das Riesengebirge

Am dritten Tag, der sich sicherlich als sehr anstrengend erzeigen wird, werden wir bestimmt 11 Stunden durch das schlesische Hochgebirge wandern. Die Route führt zum Zackelfall und der Neuen Schlesischen Baude, danach zum Elbfall und zur Kesselkoppe.

Von dort geht es über die Schneegruben-, Peter- und Riesenbaude zur Koppe. Wer etwas mehr Zeit mitgebracht hat oder nicht ganz so gut zu Fuß ist, sollte die Strecke besser auf zwei Tage verteilen und in der Peterbaude übernachten.

Von der Josephinenhütte zum Elbfall

Von der Josephinenhütte wird in rund einer ¾ Stunde zum Zackelfall gelaufen. Oben angekommen, ist eine Brücke [712 m ü. d. M.] zu überqueren, um auf das rechte Ufer des Baches zu gelangen. Dort geht es auf gut angelegten Wegen weiter bergauf.

Die 2 ½ km entfernte Neue Schlesische Baude [1.194 m ü. d. M.] wird dann in etwa einer ¾ Stunde erreicht, wo sich gestärkt und auch geschlafen werden kann. [Vor 1900 ist die Verpflegung hier noch sehr einfach].

Die Josephinenhütte bei Schreiberhau

In der Zackelklamm

Schreiberhau. Zackelklamm

Die Neue Schlesische Baude

An der Schneegrube

Etwa eine ¼ Stunde nördlich der Neuen Schlesischen Baude befinden sich die Pferde-kopfsteine [1.298 m], zu denen ein recht bequemer Weg hinaufführt, und uns mit einem atemberaubenden Blick auf die herrliche Gebirgslandschaft belohnt.

Weiter verläuft der Weg an bemerkenswerten Steingruppen vorbei. Rechts sind die Sausteine, links die Käs- und Quarksteine zu sehen. Auf der linken Seite ragt der Gipfel des 1.361 m hohen Reifträgers gen Himmel.

Blick in den Elbgrund

Danach wird der von der Alten Schlesischen Baude nach Oberrochlitz führende Weg gekreuzt und links an der Südseite des Spitzbergs weitergegangen. Nach etwa 25 Minu-ten zeigt ein Wegweiser, wo der geradeaus führende Weg verlassen werden muss, um zur Schneegrubenbaude zu gelangen. Auf dieser Abzweigung, die an der auf der linken Seite liegenden Veilchenkoppe vorüberführt, ist in etwa einer ½ Stunde die Schneegru-benbaude erwandert. Danach geht es rechts zum nur 10 Minuten entfernt liegenden Elbbrunnen, der gefassten Elbquelle auf sumpfiger Wiese. Von hier aus ist noch einmal eine ¼ Stunde in südlicher Richtung zu laufen, um den zwischen 40 m und 45 m hohen Elbfall zu bewundern. In der dortigen Elbfallbaude können Wanderer speisen und schlafen. Die Übernachtungsmöglichkeiten sind mit „recht gut" bewertet. Nur 15 Mi-nuten weiter befindet sich der 250 m hohe Pantschefall, 2 Stunden von der Elbfallbaude entfernt liegt Spindelmühl.

Elbfall mit Elbfallbaude

Mit einem Führer kann vom Elbbrunnen auch direkt zum Pantschefall gegangen werden – und erst danach zum Elbfall. Auf diesem Weg bietet sich Wanderern ein überraschender, jäher Blick in die „Sieben Gründe", der sich auf dem anderen Weg erst nach und nach eröffnet. Von der Elbfallbaude führt ein 1891 angelegter bequemer Weg in einer ¾ Stunde zur Kesselkoppe [1.434 m] hinauf, die einen herrlichen Runblick gewährt.

Elbquelle

DIE SCHNEEGRUBENBAUDE

Von der Elbfallbaude ist auf einem gut ausgebauten Weg in etwa 35 Minuten die Schneegrubenbaude [1.490 m ü. d. M.] erreicht, die am Rand der etwa 350 m steil abfallenden Felsgründe der Großen und Kleinen Schneegrube steht. Bereits vor 1900 werden sowohl das Nachtquartier als auch die Verpflegung in der Baude mit „recht ordentlich" bewertet. Die Aussicht über den Abgrund hinweg ist nicht ganz ungefährlich, doch hat man von hier zum Hirschberger Tal sowie weit nach Schlesien hinein – bis hin zum Zobten – eine atemberaubende Fernsicht. Noch freier ist der Blick von der sogenannten Kanzel Rübezahls, einem Granitfelsen unmittelbar hinter der Baude.

Von der Schneegrubenbaude führt links – an der Großen Schneegrube vorbei – ein Weg auf das Hohe Rad [1.508 m], das in knapp 20 Minuten erklommen ist. Auf dem Gipfel befindet sich eine 5 m hohe Pyramide, die zum Andenken Kaiser Wilhelms I. errichtet worden ist.

Die Schneegrubenbaude

Die Peterbaude

Hinab geht es etwa 20 Minuten auf der bedeutend tiefer abfallenden Ostseite. Danach geleitet der Weg auf den Kamm des Gebirges bis zur Großen Sturmhaube [1.424 m]. Von dem Sattel [1.331 m] etwas unterhalb, lenkt nördlich ein Weg zu den Korallensteinen, ein anderer zum 6 km entfernten Spindelmühl.

DIE PETERBAUDE

Vorbei am Mannstein, an den Mädelsteinen und den Vogelsteinen ist dann in 1 ¼ Stunden zu der bereits auf böhmischer Seite gelegenen Großen Peterbaude [1.250 m ü. d. M.] gelaufen. Unterkunft und Verpflegung erhalten in der Peterbaude bereits lange vor 1900 das Prädikat „gut und nicht teuer". Von der Peterbaude geht es links hinab in 1 ½ Stunden nach Agnetendorf. Ebenso lange dauert es rechts hinunter nach Spindelmühl.

DIE SPINDLERBAUDE

Geht man auf der linken Seite etwas bergab, stößt man bald auf die sumpfige Einsenkung der Mädelwiese. Knapp 3 km davon entfernt befindet sich die Spindlerbaude [1.200 m ü. d. M.] am westlichen Abhang der Kleinen Sturmhaube [1.442 m]. Diese wird ebenfalls vor 1900 bereits mit „ganz ordentlich" bezeichnet. In der Baude wird nur guter Ungarwein ausgeschenkt; Biertrinker müssen hier auf ihr Lieblingsgetränk verzichten. Im Winter finden von der Baude aus Hörnerschlittenfahrten nach Hain statt. Von der Spindlerbaude ist ein guter Wanderer in 1 ¼ Stunden hinab nach Spindelmühl marschiert.

Spindlerbaude

Unsere Wanderung führt uns aber an der Nordseite der Kleinen Sturmhaube zum 4 ½ km entfernten Mittagstein, einer etwa 12 m hohen Granitmasse am nördlichen Abhang des Lähnberges [oder Silberkamms, 1.466 m]. Vom Gipfel hat man einen herrlichen Blick nach Schlesien hinein. Links unten sind die Drei Steine zu sehen.

DIE PRINZ HEINRICH-BAUDE

Nur 10 Minuten darauf erreicht der Wanderer die stattliche erst im Jahr 1890 erbaute Prinz Heinrich-Baude [1.410 m ü. d. M.]. Zimmer sind ab 1 Mark 50 zu erhalten. Wie die Zimmer wird auch die Verpflegung stets mit „gut" bewertet. Die Baude ist herrlich gelegen, denn sie thront über den jäh abstürzenden Rändern des tief eingeschnittenen Großen Teiches.

Die Prinz Heinrich-Baude

Von der Prinz Heinrich-Baude besteht ein eindrucksvoller Blick auf die Umgebung: Auf den Großen Teich [der Kleine Teich ist nicht sichtbar], dahinter ist die Schlingelbaude zu sehen, links die Mittagsteine und unterhalb die Drei Steine.

Knapp 10 Minuten jenseits der Prinz Heinrich-Baude ist der forellenreiche Kleine Teich zu finden. Den schönsten Blick auf ihn hat man jedoch, wenn man noch etwas weiter geht, von einem Felsvorsprung unterhalb des Kammweges. Der Kleine Teich, in einem grünen Bergkessel gelegen, und seine Baude können gänzlich überblickt werden.

Riesengebirge. Mittagsteine

Der „Kleine Teich" im Riesengebirge

PANORAMA VON DE[R

DER GROSSE UND DER KLEINE TEICH

In der Eiszeit bedeckten den Kamm des Riesengebirges weite Firnfelder, deren Gletscher am Rande des Kammes steil abfallende Kare herausgearbeitet haben. Diesen Karen sind noch heute Moränenwälle vorgelagert, die von kleinen Hochgebirgsseen [wie der Große und der Kleine Teich] abgeschlossen werden.

Der Große Teich [1.225 m ü. d. M.] besitzt eine Länge von 550 m, eine Breite bis zu 170 m und ist bis zu 23 m tief. Er bildet das größte Wasserbecken des Riesengebirges.

Der Kleine Teich [1.183 m. ü. d. M.] wird an drei Seiten von steil abfallenden Felsmauern eingeschlossen. Er verfügt über eine Länge von 246 m, eine Breite von 165 m und ist bis zu 6,50m tief.

Etwa eine ¼ Stunde südlich des Kleinen Teiches stehen die Wiesenbaude, eine ¼ Stunde nördlich davon die Hampelbaude. Von der Hampelbaude führt ein Weg südwestlich hinab zur Teichbaude. Nördlich hinter der Teichbaude erhebt sich eine 60 m hohe Moräne.

Der Große und der Kleine Teich waren in der Eiszeit Firnkessel, deren Schneelager durch kleine Gletscher gespeist wurden.

Die Riesenbaude im Winter

Die Riesenbaude mit Schneekoppe

DIE RIESENBAUDE

Wir wollen weiter über den mit Knieholz bewachsenen Koppenplan zur Riesenbaude [1.391 m ü. d. M.], einem großen Steinbau am Fuß des kahlen Koppenkegels wandern. Die Riesenbaude befindet sich bereits auf böhmischer Seite und ist von den Teichen in rund 1 ½ Stunden zu erreichen. Das dortige Wirtshaus wird stets mit „gut" bewertet. Ein Nachtlager ist ab 1 Mark 50 zu mieten, eine Übernachtung auf dem „Matratzenlager" kostet sogar nur 50 Pfennig.

Von der Riesenbaude führt ein durch Steinmauern geschützter Weg – an dessen Beginn sich uns ein herrlicher Blick links in den Melzergrund, rechts in den Riesengrund eröffnet – in zahllosen Windungen in 30 Minuten auf den Gipfel der Koppe. Für die Strecke hinab benötigt man etwa 10 Minuten weniger.

Anmerkung:

Auf deutscher Seite wird 1922 – schräg gegenüber der Riesenbaude – das Schlesierhaus [1.395 m ü. d. M.] eröffnet. Gegenüber dem Schlesierhaus beginnt ein bezeichneter Weg über die Wiesenbaude nach Spindelmühl. Gegenüber der Riesenbaude führt ein Pfad durch den Riesengrund nach Petzer. Beim Austritt aus dem Schlesierhaus wandert man links hinab durch den Melzergrund nach Krummhübel. Drei Minuten jenseits des Schlesierhauses beginnt der Aufstieg zur Schneekoppe: Links der bequeme aber sehr lohnende Jubiläumsweg, rechts beginnt ein steiler Zickzackweg.

Petzer

DIE KOPPE

Die Koppe, besser bekannt als Schneekoppe oder auch Riesenkoppe und Riesenberg, ist der höchste Berg in Nord- und Mitteldeutschland. Dabei handelt es sich um einen kahlen Kegel, der zwischen Granitbrocken auch Porphyr und Quarzporphyr zeigt. Der stumpfe Gipfel ragt 1.605 m über den Meeresspiegel empor und erhebt sich rund 300 m über dem Koppenplan [Der Brocken im Harz ist nur 1.142 m hoch]. Auf der 50 m breiten und 60 m langen Gipfelfläche wurde 1668 – 1681 die runde Laurentiuskapelle erbaut, in der immer am 10. August ein Gottesdienst abgehalten wird.

Das Koppenhaus, versehen mit dem Prädikat „recht gut", ist oft überfüllt. Für eine Übernachtung im Bett sind 2 Mark zu entrichten, eine Nacht auf dem „Matratzenlager" kostet 1 Mark. Im Koppenhaus gibt es eine Post und einen Telegraphen.

Ferner ist es hier Sitte, bei Sonnenaufgang zu läuten, doch gehört auf der Schneekoppe ein freier Sonnenaufgang zu den Seltenheiten. Ein zweites Gasthaus liegt auf böhmischer Seite der Koppe und gehört demselben Wirt.

Im Jahr 1900 wurde auf der Schneekoppe eine Wetterwarte errichtet, die zu bestimmten Zeiten [in einem Aushang zu ersehen] besichtigt werden kann. Die Fernsicht von der Koppe ist atemberaubend. Blickt man nach Norden, so kann das gesamte Hirschberger

Tal bis nach Bunzlau und Liegnitz übersehen werden, wendet man sich in östliche Richtung, so werden Schweidnitz, Breslau und Silberberg sowie der Zobten, die Eule und die Heuscheuer erblickt. In Richtung Südwesten ist sogar der Weiße Berg bei Prag zu erkennen, in Richtung Westen der Milleschauer bei Trepnitz und in Richtung Nordwesten die Landeskrone bei Görlitz.

In südwestlicher Richtung bietet sich ein wahrhaft großartiger Blick in den etwa 650 m tiefen und fast senkrecht abschüssigen Aupa- oder Riesengrund sowie nördlich in den steilen Melzergrund.

4. WANDERTAG DURCH DAS RIESENGEBIRGE

Der vierte Tag unserer Riesengebirgsreise führt uns hinab zur Hampelbaude und zur Kirche Wang. Danach wird über die Kräbersteine und Arnsdorf nach Schmiedeberg gewandert. Für die Strecke sind gut 6 ½ Stunden einzuplanen.

DIE HAMPELBAUDE

Von der Riesenbaude laufen wir über den Koppenplan sowie einen ziemlich steilen Abhang hinunter, dem Stirndl, bis zur Hampelbaude, wofür etwa 1 ½ Stunden benötigt werden. Weitere 1 ½ Stunden fallen an, um zur berühmten Kirche Wang zu gelangen.

Die Hampelbaude im Riesengebirge

DIE KIRCHE WANG IN BRÜCKENBERG

Das berühmte Gotteshaus [885 m ü. d. M.] ist die Pfarrkirche des sehr ausgedehnten Baudendorfes Brückenberg, wo Ausflügler im Gasthaus „Waldhaus" Zimmer finden. Die Kirche ist 1844 auf Kosten des preußischen Königs Friedrich Wilhelms IV. aus Valders in Norwegen hierher gebracht und stilgerecht ergänzt worden. Alt ist das Schnitzwerk der Türen und Säulen.

Die Kirche Wang

Die Kirche ist ein Abbild der norwegischen Holzkirchen [„Stavekirker"], deren bauliche und dekorative Ausgestaltung bis ins 12. Jahrhundert zurückreicht. Für die Besichtigung sind beim Küster 50 Pfennig zu entrichten. Der Glockenturm der Kirche steht gesondert und ist modern. Das sich bei der Kirche befindliche Schulhaus dient auch als meteorologische Station. Gleich hinter dem Pfarrhaus steht das Gasthaus „Zum Deutschen Kaiser". Ein kleines Brunnendenkmal erinnert an die 1854 verstorbene Gräfin Reden, einer Wohltäterin dieser Gegend. Sowohl vom Kirchhof als auch vom Gasthaus bietet sich eine schöne Sicht auf die Umgebung. Nur etwa 8 Minuten oberhalb der Kirche Wang befindet sich der Katzenstein, der ebenfalls eine herrliche Aussicht gewährt.

Von der Kirche Wang geleitet uns der Weg zu den Kräbersteinen [725 m] am nordwestlichen Abhang des Kräberberges. Der letzte der Kräbersteine ist als Aussichtspunkt zugänglich.

Brückenberg mit „Hotel Schweizerhaus"

Brückenberg

Brückenberg mit „Hotel Waldhaus Weimar" und den Teichrändern

Brückenberg-Wang. „Hotel und Pension Sanssouci"

ARNSDORF [IM RIESENGEBIRGE]

Auf der Hermsdorfer Landstraße wird in östlicher Richtung zur romantisch an der Lomnitz gelegenen Ortschaft Arnsdorf [435 m ü. d. M.] weitermarschiert, wo in den Gasthäusern „Ende", „Scholtz" und „Brauerei" eingekehrt werden kann.

Arnsdorf ist ein 3 km langes Dorf im preußischen Regierungsbezirk Liegnitz, Kreis Hirschberg, am Rande des Riesengebirges. Es liegt an der Eisenbahnlinie Zillertal – Arnsdorf und besitzt im Jahr 1900 1.916 Einwohner. An Gewerbebetrieben haben sich neben einer Garnbleicherei auch Papier-, Lederpappe- und Holzstofffabrikation angesiedelt. Sehenswert ist im Ort vor allem das Schloss des Grafen Matuschka-Toppolczau aus dem 17. Jahrhundert.

Von Arnsdorf laufen wir über Steinseiffen nach Schmiedeberg, wo wir den letzten Wandertag beginnen wollen. Allerdings verlassen wir hier bereits das eigentliche Riesengebirge und wandern auf dem Landeshuter Kamm entlang. Dieser ist ein aus Granit bestehender Gebirgszug, der sich nach Nordosten erstreckt und den Ostrand des Hirschberger Beckens bildet.

5. WANDERTAG DURCH DAS RIESENGEBIRGE

Der abschließende Ausflugstag führt über die Friesensteine sowie über Fischbach und den Falkenstein [oder den Forstberg] nach Jannowitz, wofür etwa 4 ½ Stunden benötigt werden. Von Schmiedeberg aus führt auch ein 1888 angelegter Weg über den Ochsenkopf direkt nach Jannowitz.

DIE FRIESENSTEINE

Ein herrlicher Blick auf das Riesengebirge zeigt sich uns bei einer alten 634 m hoch gelegenen Buche, die sich an der alten Landeshuter Landstraße [etwa 1 Stunde nordöstlich vom Markt von Schmiedeberg entfernt] befindet und einen Stammumfang von mehr als 4 ½ m aufweist.

Folgt man der Straße, ist nach einer ¼ Stunde ein Pfad erreicht [auf der linken Seite gelegen], der in einer ½ Stunde zu den aus Granit bestehenden Friesensteinen [940 m] führt. Die Friesensteine bilden die höchste Erhebung des Landeshuter Kamms und können mit einer großartigen Fernsicht aufwarten. Bei schlechtem Wetter bietet eine Hütte Schutz.

ZU DEN FALKENBERGEN

Von den Friesensteinen wird über Fischbach zu den Falkenbergen marschiert, die sich nördlich der Ortschaft erheben. Sowohl der südliche, der Falkenberg [654 m], von Fischbach in einer ¾ Stunde zu erreichen, als auch der nördliche, der Forstberg [642 m], bieten herrliche Aussichten.

Jannowitz. Oberdorf

JANNOWITZ

Von Fischbach führt in 1 ½ Stunden eine Fahrstraße nach Jannowitz, dem Endpunkt unseres Riesengebirgsausfluges. Jannowitz ist bereits vor 1900 eine beliebte Sommerfrische, empfehlenswert zur Einkehr ist das Gasthaus „Kindler".

Jannowitz. Sanatorium mit Kupferberg

DAS WALDENBURGER BERGLAND

Das Waldenburger Bergland verbindet das Riesengebirge mit der Grafschaft Glatz, zu dem wohl bereits die Höhenzüge östlich vom Bober wie das Raben- oder Überschargebirge und die Adersbacher und Weckelsdorfer Felsen zu rechnen sind.

In seinem Charakter ist das Waldenburger Gebirge vom Riesengebirge gänzlich verschieden: Im Gegensatz zu den langgezogenen Gebirgsketten, die im Riesengebirge vorzufinden sind, sind hier nur Einzelgipfel oder Gruppen solcher Gipfel mit Tälern, die sich zwischen ihnen entlangziehen, vorhanden. Im 13. und 14.Jh. entstanden hier zahlreiche Burgen als Grenzfestungen gegen Böhmen. Die bekanntesten sind der Fürstenstein und die Kynsburg.

Fürstenstein bei Freiburg in Schlesien. Alte Burg

Besonders charakteristisch ist das Waldenburger Kohlenbecken, wo sich eine bedeutende Bergbauindustrie entwickelt hat. Ferner wird hier Erzbergbau und Textilindustrie betrieben. Seit dem Spätmittelalter wird vor allem Silber abgebaut, allerdings bringt der Dreißigjährige Krieg diesen Zweig nahezu zum Erliegen. Die Textilindustrie ist durch die Leinenweber geprägt. Die Mechanisierung der Weberei verlagert das Zentrum nach Wüstegiersdorf und Wüstewaltersdorf. Im 19. Jahrhundert beginnt der Kohlenbergbau und Waldenburg wird zum größten Industriebezirk in Niederschlesien.

Trotzdem ist das gesamte Bergland reich an Naturschönheiten und kann eine Vielzahl gutbesuchter Badeorte in reizvoller Umgebung vorweisen. Im Gebirgszug des Raben- oder Überschargebirges, etwa in der Mitte zwischen Neurode und Landeshut, befindet sich der Heidelberg [936 m], der höchste Berg des gesamten Berglandes. Allerdings wird der Heidelberg wenig besucht, weil der Gipfel dicht bewaldet ist und nur an wenigen Stellen eine Sicht auf die Umgebung gestattet. An den Heidelberg schließen sich im Norden und Süden andere Gebirgszüge an. Hier ragt auch das Hornschloss [826 m] mit den Resten einer alten Burg empor. Das Hornschloss bildet jedoch nur den nordwestlichen Vorsprung des Langen Berges [902 m]. Der dortige Aussichtsturm gewährt eine herrliche Rundumsicht auf das Gebirge und in dessen tiefe Waldtäler.

Am Fuß des Hornschlosses erstreckt sich das romantische Reimsbachtal, welches das Sandgebirge von dem eigentlichen Gebirgszug trennt. Die höchsten Erhebungen des Sandgebirges sind der Schwarze Berg [848 m] und der Ochsenkopf [715 m], der gleich mehrere Gipfel vorzuweisen hat.

Von Schmiedeberg bietet sich eine herrliche Kutschfahrt im Zweispänner zu den Adersbacher und Weckelsdorfer Felsen an. Die Fahrt dauert etwa 6 bis 7 Stunden, dafür sind 15 Mark [ohne das übliche Trinkgeld] zu entrichten. Zunächst führt eine herrliche Chaussee, von der immer wieder ein schöner [Rück-] Blick auf die großartige Landschaft zu genießen ist, über den Landeshuter Kamm in das 16 km entfernte Landeshut.

Reimsbachtal. Vordermühle

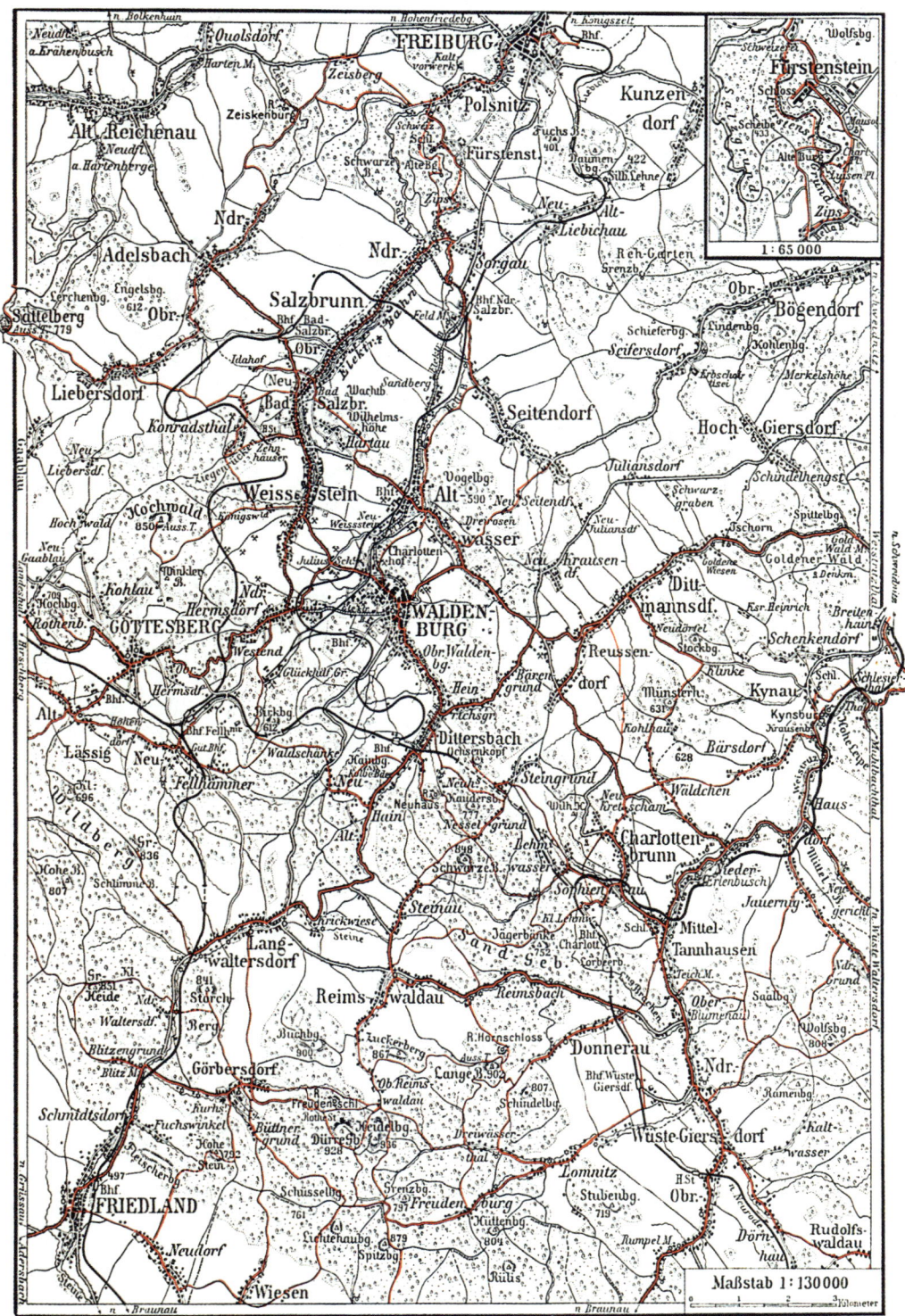

Touristenwege.

Das Waldenburger Gebirge

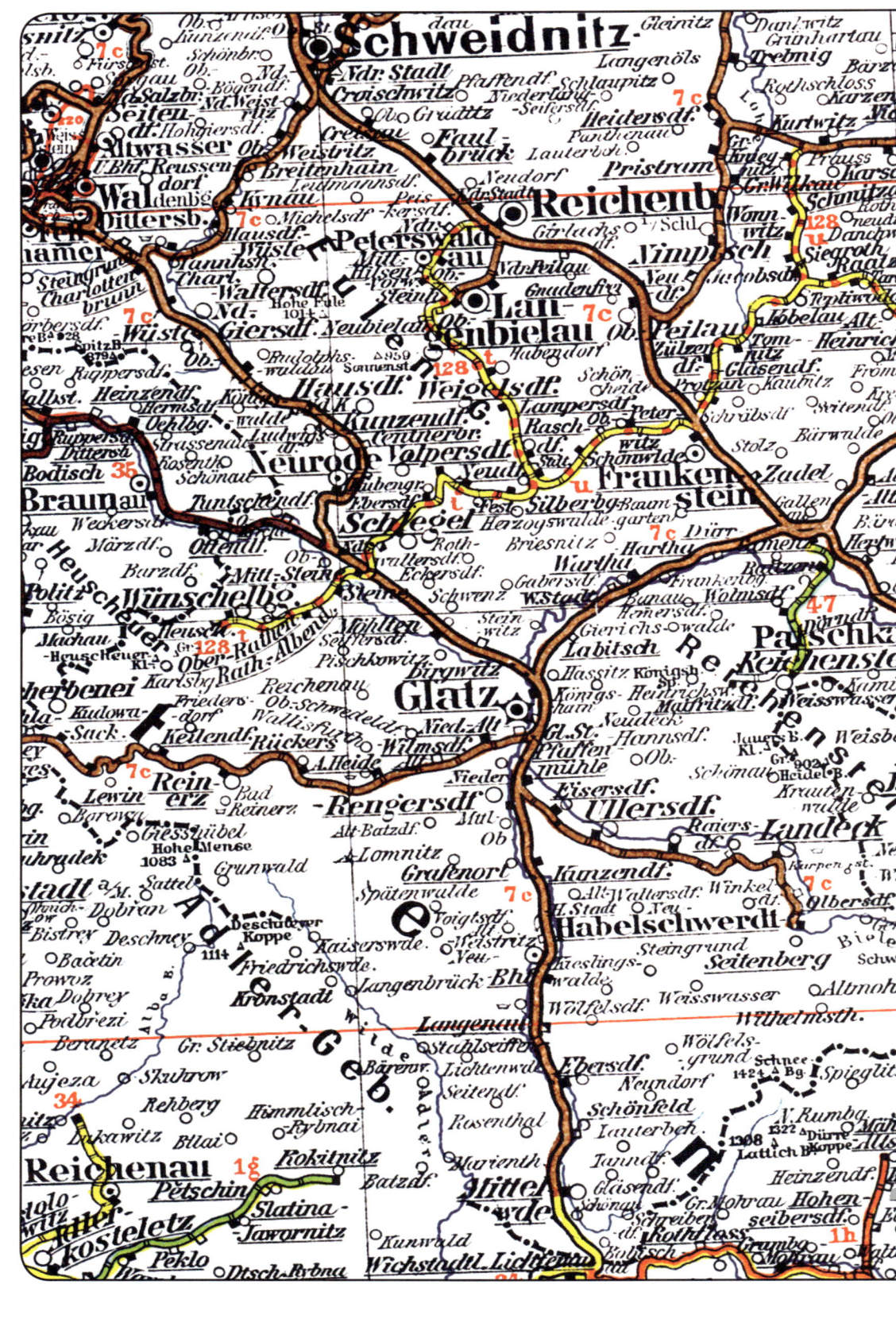

Tschon Weigwitz
Brose witz Gaullau Ganthersdf. Laugwitz Schwanowitz Jägerndf. Koppen N-Poppelau Alt-Sc
rchlen Wansen Mechwitz Bärzdf. Kreisewitz Schönfeld Lossen Rosenthal Wicolin Chro
Kochendf. Konradswaldau Buchitz Sowade Schurgast
flambach Ruppersdf. Zindel Gr. Jenkwitz Alzenau Böhmischdf. Tuschen Borkwitz Niewodr
Striege dt. Hermsdf. Herzogswde. Löwen Norok
Mückenau Marienau Lichtenbg. Seifers- Disch.Michelau Arnsdf. Pol. Kurbischau Zel
Riegersdf. dt. Pol. Leipe
Neinkirche Cruñendf. Louisdf. Weissels- Letpe Gr. D-Janke Wreske
Oltbg. dorf Mahyersdf. Dumbrau
Priebom Rosen Leuppusch. Osseg Raschwitz
7c Ob. Voigtsdf. Grottkau Graase Guhrau Chroscina
Arnsdf. Giersdf. Koppnes. Chmi
inrichau Bezdf. bg. Wurben Enders- Alt Grottkau Falkenbg. Brande Poln.-Neustdt.
df. Mürzdf. Groditz
Disch.Tägel Hönigsdf. Koppitz Baumgart Seifers-
Münsterbg. Kühschmatz Winzenbg. Sonnenbg. Jakobsdorf df. Schiedlow
Tschescheu Falkenau Gr.Briesen Gruben Guschwitz Sabine
Kamnig Hodebach Eckwertsheide Friedewalde Gr.Mahlendf. Smolnik
Gr.Nossen Reinschdf. Mogwitz Henners- Tillowitz Ellgut
Gauers 7c Carlowitz Franzdf. df. Bielitz Lamsdf. Psychod
Lindenau Ogen Nowag Stephansdf. Bösdorf Lussoth Neusorge Wiersbel Leopoldsdf.
Matz- Perschkenst. Warldf. Nd.Hermsdf. Bauschwitz Woistrasch
witz Rieglitz Nüssdf. Friedland
Lobedau Friedenthal Heider- Rochus Mannsdf. Mauschwitz Volk Puschine Poln.
Ottmach au Woitz dt. Mischke Rennersdf. mannsdf. Pogosch Schelitz
Scheibwitz Neuland Mitt-Neuland Gr. Schnellendf. Lonsch nik. Mos
Mösen Steinhübel Heidau Procken Ottok -nik.
Blumbau dt. Steinau
Neisse Oppersdf. Steinsdf. Schmitsch Krobus
Heinersdf. 128 Köppernig Deutsch-Kamitz Dittmansdf. Zülz Simsdf. Blas
Weiden a Brucke Preiland Riegersdf. Gr. Alt Zülz
au Walbau Rothfest Deutsch-Wette Pramsen Poln.-
Bischofswde. Dürr Buchelsdf. Olbersdf.
Arnsdf. Borkendf. Schnellewde. Leuber Kl. Neuhf. Dtsch.St.
Jungferndf. Gr. Kunzendf. Langen-
Gr. Krosse dorf. 7o Wiese Dittersdf. Deuts
Ziegenhals Kunzen- Neustadt
Rothwasser df. Buchbg. Langenbrück Hotzer
Schwarz-Niklasdf. plotz
Setz- Gröditz Arnolds- Johannes- Pittarn Madelb 7o
df. Sandhübel th. th. Leob.
Staubsdf. Endersdf. Henners 1h Kawarn
Gemärke Gräfen- Böhmischdf. Zuck- dorf Lieben-
Ob- bg. mantel th. Paule Rosswald Roben
Freiwaldau witz
Ob. Grund Röwersdf. Pilgersdf. Olbersdorf
Nd. Adelsdf. Hermannstadt Neudorf Dobersdf.
Lindewiese Ndr.- Nd.- Tropplowitz
Thomasdorf Hillersdf. Geppersdf. Mocker
Steinbruch Ob- A-Bürgersdf. Kohlbach
Goldenstein Einsiedel Karlsthal Schönwiesa Komeise
Franzensth. Wirbenthal 1h Kromsdorf Weiskirch
Ullersdf. Winkels- Gr-Raaden
richs 1h df.
Rauten Karlsbrunn

LANDESHUT

Landeshut [442 m. ü. d. M.] am Bober ist eine Kreisstadt im preußischen Regierungsbezirk Liegnitz. Die Stadt liegt in einem schönen Tal am Fuß des Riesengebirges und ist Knotenpunkt der Staatsbahnlinie Ruhbank – Liebau sowie der Eisenbahnlinien Landeshut – Albendorf und Landeshut – Schmiedeberg.

Im Jahr 1900 leben in Landeshut 8.241 meist evangelische Einwohner. Die Stadt besitzt eine bedeutende Flachsspinnerei und Leinweberei, wo ca. 3.500 Arbeiter eine Beschäftigung finden. In den Fabriken werden 11.036 Spindeln und 2.702 Webstühle betrieben, womit rund 13 Millionen Mark Produktionswert erzielt werden. Außerdem bestehen eine Dampfmühle sowie Schuhfabrikation und Bierbrauerei.

In Landeshut existieren eine evangelische, eine katholische Kirche und eine Synagoge. Sehenswert sind das neue Rathaus und das bronzene Standbild des Grafen Eberhard zu Stolberg-Wernigerode auf dem Ring. In der Stadt befindet sich eine Lungenheilstätte, die „Kaiserin Auguste Viktoria-Heilstätte".

Für Ausflügler halten am Ring die beiden Gasthäuser „Rabe" und „Drei Berge" bequeme Zimmer bereit.

Nahe Landeshut befindet sich die Ortschaft Niederleppersdorf, die 1903 nach Landeshut eingemeindet wird.

Aus der Geschichte der Stadt

Zum Ende des 13. Jahrhunderts ist Landeshut von Herzog Boleslaw I. von Schweidnitz gegen die Böhmen errichtet worden. Im Jahr 1345 von König Johann von Böhmen erobert, kann die Stadt aber bald zurückgewonnen werden. Unter den Liechtensteinischen Bekehrungsversuchen im Jahr 1629 haben die Bürger sehr zu leiden gehabt, und erst im Jahr 1711 erhalten die evangelischen Gläubigen die Erlaubnis, eine Gnadenkirche zu errichten.

Während des Zweiten Schlesischen Krieges fand am 22. Mai 1745 in der Nähe von Landeshut ein Gefecht statt, in dem Winterfeldt die Österreicher unter Nádasdy schlug.

Außerdem ist Landeshut durch den Überfall vom 23. Juni 1760 in die geschichtlichen Annalen eingegangen, in dem Laudon ein preußisches Korps unter Fouqué aufgerieben hat: Die Landeshut umgebenden Berge waren in einer Ausdehnung von 6 km mit Schanzen bedeckt und mit rund 30.000 Mann besetzt. Die Preußen hingegen verfügten über nur 10.600 Mann mit 68 Geschützen. Als die vereinten Truppen von Laudon und Beck angriffen, verteidigte sich das preußische Korps sieben Stunden lang, musste sich jedoch schließlich ergeben.

WALDENBURG

Von Landeshut ist mit der Bahn ein Abstecher ins 30 km entfernte Waldenburg zu unternehmen, wo die Gasthäuser „Schwarzes Ross" und „Gelber Löwe" bequeme Zimmer bereithalten. Zimmer Z. B. L. sind schon ab 1 Mark 50 zu haben, ein Frühstück kostet 75 Pfennig, ein Mittagessen 1 Mark 50.

Waldenburg [422 m ü. d. M.], an einem Quellfluss der Polsnitz gelegen, ist Kreisstadt im preußischen Regierungsbezirk Breslau und ist in einem Talkessel des Waldenburger Gebirges erbaut.

Im Jahr 1905 besitzt die Stadt 16.435 überwiegend evangelische Einwohner und ist Mittelpunkt eines bedeutenden Steinkohlebergbaus. Außerdem bestehen in Waldenburg eine große Porzellanfabrik, Drahtweberei, Flachsspinnerei sowie Fabrikationsstätten für Tafelglas, Maschinen, Zündhölzer und Öfen.

Waldenburg. Rathaus mit Schillerhöhe

Waldenburg verfügt über zwei Bahnhöfe. Die Stadt ist Knotenpunkt der Staatsbahnlinien Dittersbach – Nieder-Salzbrunn und Altwasser – Wrangelschacht und befindet sich ganz in der Nähe der Schlesischen Gebirgsbahn. In Waldenburg existieren jeweils eine evangelische, altlutherische und apostolische Kirche. Dazu bestehen zwei katholische Kirchen und eine Synagoge. In dem nahe bei der Stadt liegenden Dorf Ober-Waldenburg ist ein Schloss zu besichtigen.

Waldenburg: Kaiser Wilhelmsplatz

Waldenburg. Kaiserliches Postamt

Aus der Geschichte der Stadt

Waldenburg ist vermutlich 1290 – 1293 bei der Rodung des Grenzwalds unter Herzog Bolko I. entstanden und findet 1305 erstmals urkundlich als „Waldenberc" Erwähnung. Für das Jahr 1372 ist in Waldenburg eine Pfarrkirche bezeugt.

Zusammen mit dem Herzogtum Schweidnitz fällt der Ort nach dem Tod des Herzogs Bolko II. 1368 erbrechtlich an Böhmen, wobei dessen Witwe Agnes von Habsburg bis zu ihrem Tod 1392 ein Nießbrauch zusteht. 1426 wird Waldenburg erstmals als „Städtchen" bezeichnet, obwohl es weder das Marktrecht noch andere Privilegien besitzt.

Die erstmalige Erwähnung des Bergbaus im Stadtgebiet erfolgt für das Jahr 1529. Erst 1545 erwirkt der damalige Grundherr Sigismund von Czettritz beim böhmischen König Ferdinand I. das Brauprivileg und andere Handwerksrechte. Die Weberzunft wird im Jahr 1604 gegründet.

Nach dem Ersten Schlesischen Krieg 1742 fällt Waldenburg zusammen mit Schlesien an Preußen. Im selben Jahr erhält die Stadt ein evangelisches Bethaus, das 1785 durch eine neue Kirche ersetzt wird. Wegen der Zunahme der Steinkohlenförderung wird 1770 ein Knappschaftskrankenhaus errichtet.

Nach der Neugliederung Preußens gehört Waldenburg seit 1815 zur Provinz Schlesien und wird ab 1818 dem Landkreis Waldenburg eingegliedert. 1818 leben 1.836 Menschen in der Stadt. Nachdem die Leinenausfuhr bedeutungslos wird, entwickelt sich Waldenburg von einer Handels- zu einer Industriestadt. Bereits 1853 erhält es Eisenbahnanschluss mit Breslau, dem 1868 die Verbindung mit dem böhmischen Halbstadt folgt.

Vom 1. Dezember 1869 bis zum 14. Januar 1870 streiken während des Waldenburger Bergarbeiterstreiks etwa 7.000 Bergleute, die mit ihrer Arbeitsniederlegung den bis dahin größten Arbeitskampf in Deutschland auslösen.

Ab 1898 entsteht ein Netz elektrischer Straßenbahnen, die von der Waldenburger Kreisbahn betrieben werden. 1903 verbinden sich die Steinkohlengruben zu einem Syndikat. Ab 1902 wird der neue Stadtteil Neustadt errichtet.

Durch die Industrialisierung steigt die Einwohnerzahl Waldenburgs stark an. 1885 leben rund 13.000 Menschen in Waldenburg, 1900 sind es 15.106 und 1910 19.681. Weil der Kohleabbau größtenteils unter dem Stadtgebiet erfolgt, verlagert sich das Wohngebiet auf die umliegenden Ortschaften, die deshalb nacheinander nach Waldenburg eingemeindet werden.

Waldenburg. Partie mit Schillerbaude

Grüssau mit ehemaligem Zisterzienserkloster

GRÜSSAU

Von Landeshut führt ein breiter Fahrweg zum etwa 1 Stunde entfernt gelegenen Dorf Grüssau, wo in den Gasthäusern „Brauerei" und „Kronprinz" Zimmer angeboten werden.

Als Folge des Ersten Schlesischen Kriegs fällt Grüssau 1742 an Preußen. Nach der Neugliederung Preußens gelangt der Ort 1815 an die Provinz Schlesien und gehört seit 1816 zum Landkreis Landeshut. Im Jahr 1899 erhält Grüssau Anschluss an die Bahnstrecke Landeshut – Albendorf.

In den ansehnlichen Gebäuden des 1292 von Bolko I. von Schweidnitz gestifteten und 1810 wieder aufgehobenen Zisterzienserklosters gleichen Namens befinden sich Wohnungen für die Geistlichen und Lehrer des Ortes sowie mehrere Schulräume. Die imposante Marienkirche von Grüssau, ganz im barocken Stil errichtet, erhielt ihre endgültige Gestalt in den Jahren 1727 – 1735. Hier sind nicht nur großartige Deckengemälde zu bewundern – besonders in der Kuppel –, sondern auch prächtige Chorstühle mit kostbarem Holzschnitzwerk. Die schöne Orgel ist ein Werk des Breslauer Orgelbauers Michael Engel und stammt aus dem Jahr 1737. Hinter dem Hochaltar befindet sich die Fürstenkapelle mit den Hochgräbern Bolkos I. und Bolkos II. von Schweidnitz.

Gleich neben der Marienkirche ist die ebenfalls sehenswerte kleine Josephskirche gebaut, wo die Fresken von Willmann zu bewundern sind.

SCHÖMBERG

Von Grüssau benötigt die Kutsche eine weitere Stunde nach Schömberg, wo in den Gaststätten „Deutscher Kaiser" und „Brauerei" am Markt preiswerte Quartiere zu finden sind.

Schömberg [532 m ü. d. M.] an der Zieder ist eine Stadt im preußischen Regierungsbezirk Liegnitz, Kreis Landeshut und liegt an der Kleinbahn Landeshut – Albendorf, ganz in der Nähe der böhmischen Grenze. Im Jahr 1905 beherbergt Schömberg 1.716 meist katholische Einwohner. Im Ort sind Leinweberei, Apperaturanstalten, Jalousie- und Würstchenfabriken ansässig.

Neben einer katholischen verfügt Schömberg auch über eine neue evangelische Kirche.

Bei Schömberg mündet die von Liebau kommende Straße ein. So geht es weiter über die böhmische Grenze zum eine ¾ Stunde entfernt gelegenen Liebenau. Von Liebau fährt 2 mal täglich die Post ins 7 km entfernte Schömberg, wofür etwa 1 ¼ Stunde benötigt werden.

MERKELSDORF

Merkelsdorf liegt etwa eine ¾ Stunde von Liebenau entfernt. Jenseits des ausgedehnten Dorfes teilt sich die Straße und führt rechts in einer ¾ Stunde nach Adersbach, links über Buchwaldsdorf in einer ¾ Stunde nach Weckelsdorf.

ADERSBACHER FELSEN

Am Eingang der Felsenstadt befindet sich das „Herrschaftliche Gasthaus zur Felsenstadt". Die Bewertung in Reiseführern ist „leidlich". Ein Zimmer Z. B. L. ist für 1 Mark 50 zu mieten. Ein Frühstück kostet 35 Pfennig. Alternativ kann in „Kaspers Hotel" Quartier bezogen werden.

Der Eintritt in die Felsenstadt kostet je Person 1 Mark. Außerdem muss bei einem Besuch das Trinkgeld für den obligatorischen Führer hinzugerechnet werden, das pro Person auch bei etwa 1 Mark anzusetzen ist. Darüber hinaus werden an zahlreichen Punkten der Felsenstadt weitere Trinkgelder erwartet. Es wird daher empfohlen, sich reichlich mit 10 und 20 Pfennigstücken auszustatten.

Die Adersbacher Felsen sind höchst merkwürdige Felsenbildungen, die oftmals an die Sächsische Schweiz erinnern. Die Felsen bildeten einst ein geschlossenes Gebirge, doch im Laufe der Zeit wurde das weichere Gestein weggewaschen, sodass nur noch die harten Gebirgsmassen stehen blieben. Diese erscheinen in den verschiedensten Formen und haben von der Bevölkerung ihrer Ähnlichkeit nach Namen erhalten: So z. B. „Zuckerhut", „Bürgermeister", „Pauken", „Hochgericht", „Johannes in der Wüste" u.a.

Adersbacher Felsen. Eingang zur Felsenstadt

Die Anzahl der unterschiedlichen Felsformen beläuft sich auf mehrere Tausend, wovon einige bis zu 50 m hoch sind. Die Spalten und Einschnitte sind mit Bäumen und Büschen bewachsen und so ist der Weg durch das Labyrinth häufig so schmal, dass man nur hintereinander gehen kann. Durch das verwirrende Steinlabyrinth fließt ein silberklarer Bach. Eine Marmortafel erinnert an den Besuch Goethes.

In einer hohen Grotte ist ein aus 12 m Höhe herabstürzender künstlicher Wasserfall zu bestaunen, der von einem oberhalb gelegenen kleinen See gespeist wird und über eine kleine Treppe erreicht wird. Eine Bootsfahrt im See kostet 20 Pfennig.

Für die Besichtigung der Adersbacher Felsen werden etwa 2 Stunden benötigt. Am Ausgang des Labyrinths ist ein Echo zu hören, das durch Schüsse geweckt werden muss. Ein großer Böller kostet 1 Mark, ein kleiner 60 Pfennig. Für Hörnerklänge werden 20 Pfennig verlangt.

2 ½ Stunden südwestlich von Adersbach liegt Radowenz, wo ein „versteinerter Wald" zu bestaunen ist.

Weckelsdorfer Felsenstadt. Das Amphietheater

WECKELSDORFER FELSEN

Die Naturgebilde der Weckelsdorfer Felsen werden von vielen Besuchern als noch großartiger angesehen als die Adersbacher Felsen. Bei den Weckelsdorfer Felsen bietet das „Gasthaus zum Eisenhammer" Quartiere, Zimmer Z. L. B. kosten 1 Mark 50. Das Gasthaus wird mit „ganz gut" eingestuft. Das „Gasthaus zur Felsenstadt" wird sogar ausdrücklich gelobt.

Die Weckelsdorfer Felsen grenzen östlich an die Adersbacher Felsen und sind vom Adersbacher Wirtshaus etwa eine ¾ Stunde entfernt. Von der Weckelsdorfer Eisenbahnstation ist es zu den Felsen etwa eine ½ Stunde. Für einen Besuch der Felsen sind ca. 2 bis 2 ½ Stunden einzuplanen. Auch hier gelangt man aus der „Vorstadt" gegen Eintritt von 1 Mark pro Person und zusätzlichem Trinkgeld für den Führer durch eine Pforte in die eigentliche „Felsenstadt".

Der erste freie Raum der Felsenstadt wird „Marktplatz" genannt. Auch viele andere Felsenformen besitzen – wie in Adersbach – besondere eigene Namen. Den Glanzpunkt bildet der „Dom", eine hohe Felsenschlucht, deren Wölbungen an gotische Spitzbögen erinnern.

Der Rückweg führt durch die neue Felsenstadt, in der namentlich das „Amphietheater", das „Tal Josaphat" sowie das sogenannte „Sibirien" durch ihre eindrucksvollen Erscheinungen begeistern.

Abstecher von Weckelsdorf aus

Für die etwa 2 ½ stündige Wagenfahrt von Weckelsdorf bis zum Fuß von Maria Stern sind zwischen 8 bis 10 Mark zu entrichten. Im Einspänner von Adersbach nach Carlsberg sind ungefähr 7 Stunden zu veranschlagen. Ein solcher Ausflug kostet 20 Mark.

DAS GEBIRGSLAND DES ZOPTEN

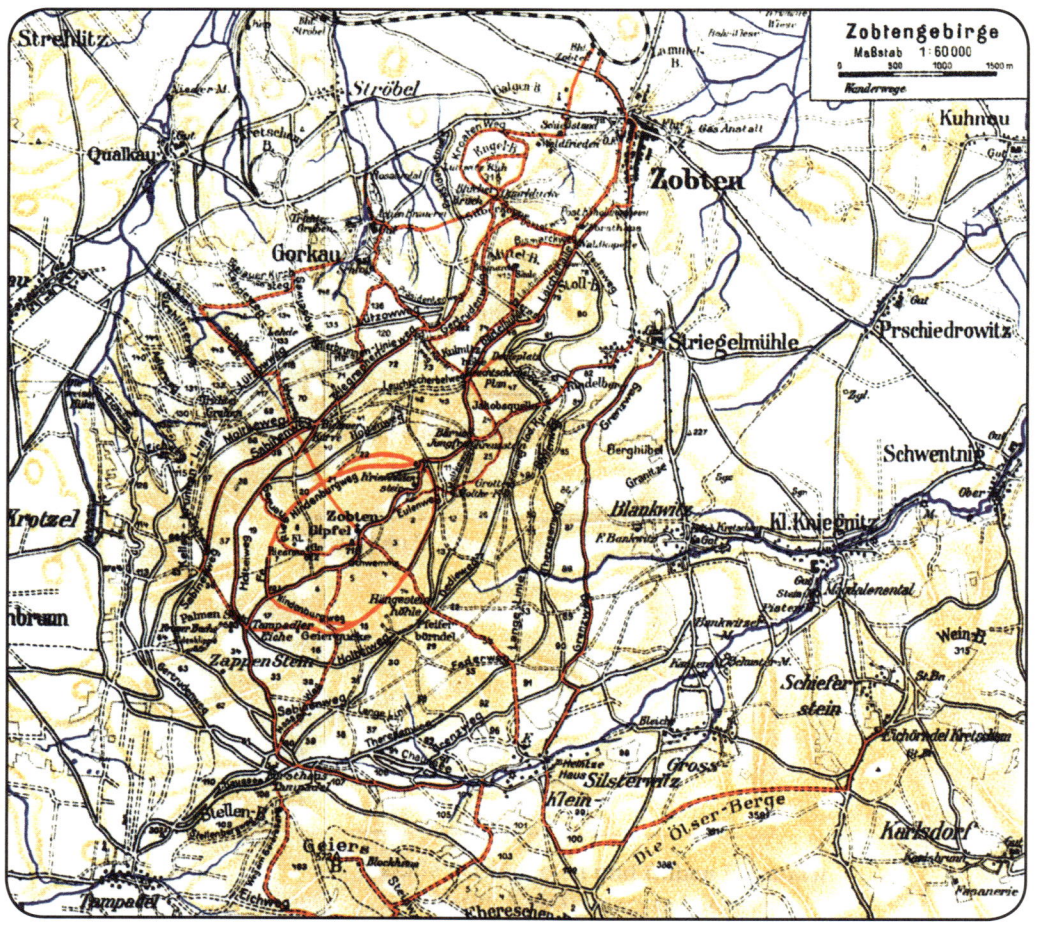

Karte des Zobtengebirges

Im Westen und Osten wird das Zobtengebirge vom Zobtener Wasser umflossen, das später in die Weistritz einmündet.

Das Gebirge gliedert sich in den eigentlichen Zobtenberg, den mehrere kleine Berge in einem Halbkreis umgeben, und in das Bergland des Geiersberges [573 m]. Getrennt werden die beiden Gebirgslandschaften vom romantischen und waldreichen Silsterwitzer Tal. Der Zobten besteht hauptsächlich aus Gabbro, das Bergland des Geiersberges dagegen aus Serpentin.

Der Zobtenberg [718 m] weist eine ausgeprägte Kegelform auf und fällt nach Norden und Süden sehr steil, nach Westen nur allmählich ab. Niedriger als Zobten- und Geiersberg ist der Serpentinrücken der Költschenberge [466 m], die sich in Richtung Westen bis fast nach Schweidnitz erstrecken.

156

ZOBTEN AM BERGE

Vom Waldenburger Bergland bietet sich ein Abstecher nach Zopten an. Das Städtchen Zobten am Berge [182 m ü. d. M.] ist eine Stadt im preußischen Regierungsbezirk Breslau, Kreis Schweidnitz. Es liegt am Fuß des Zobtenberges an der Staatsbahnlinie Breslau – Schweidnitz. Im Jahr 1905 leben in Zobten 2.280 Einwohner [darunter 1.038 Evangelische]. Ortsansässig sind eine Dampfschneidemühle, eine Branntweinbrennerei, eine Molkerei sowie eine Fabrik zur Herstellung von Handschuhen.

Die Stadt Zobten

In Zobten stehen in den Gasthäusern „Blauer Hirsch" und „Gnerlich" Zimmer zur Verfügung. Schon vor 1900 ist die Stadt eine beliebte Sommerfrische.

Aus der Geschichte der Stadt Zobten

In Zobten hat im Jahr 1813 der Oberforstmeister von Lützow seine Freikorps gebildet. Auch der deutsche Dichter und Freiheitskämpfer in napoleonischer Zeit, Theodor Körner 1791 – 1813, besaß ganz in der Nähe der Annenkirche seine Wohnung. An dem Gebäude ist eine Plakette angebracht. So existieren in dem Ort ein Lützow- und ein Theodor Körner-Denkmal.

An der katholischen Jakobskirche befindet sich außen am Chor das Reiterbild des Lützowers [von Theodor Gosen aus dem Jahr 1913]. Auf dem Mittelberg ist außerdem eine Bismarcksäule errichtet.

DER ZOBTEN

Von der Stadt führt ein schattiger Fahrweg auf den lange sichtbaren Gipfel des Berges, der in etwa 2 Stunden erreicht ist.

Unterwegs passiert man rechts vom Weg ein Steinbild der „Jungfrau mit dem Fisch und dem Bären". Das am Boden liegende 2 m lange Gebilde soll eine Jungfrau darstellen, die einen Fisch hält. Daneben steht aufrecht ein verstümmelter Bär. Die eigenwillige Felsengruppe ist zum Schutz mit einem Bach umgeben.

Zobten. Post Erholungsheim mit Bismarckturm

Zobten. „Waldfrieden"

Zopten. Alte und neue Baude auf dem Gipfel

Den Gipfel des Zobten [718 m], der als der schönste Aussichtspunkt Schlesiens gilt, ziert eine schöne Wiese, auf der ein Gasthaus erbaut wurde. Aus der Wiese ragen zwei Bergkuppen heraus. Die eine Kuppe trägt ein trigometrisches Signal, die andere die 1851 an Stelle einer durch Blitz zerstörten Kapelle erbaute Bergkirche. Vom Turm der Kirche besteht ein herrlicher Rundblick auf viele Gebiete Schlesiens.

Zobten. Bergkirche

Bis zu seiner Säkularisation im Jahr 1819 war das 1108 gegründete Augustinerkloster im Besitz des Berges. Von der 1471 zerstörten Bergfeste sind noch zahlreiche Trümmer vorhanden.

Das Strehlen-Münsterberger Bergland

Zwischen Neiße und Ohle breitet sich das Strehlen-Münsterberger Bergland aus, das bereits mit der Gneisplatte von Hertwigswalde und dem Harteberge [als nördliche Fortsetzung des Reichensteiner Gebirges] beginnt. Die eigentliche Grenze des Gebietes bilden aber die Ohle und das Kryhnwasser. Die Gneisplatte von Hertwigswalde setzt sich als Hochebene nach Norden fort und fällt schließlich zum Talkessel von Münsterberg ab.

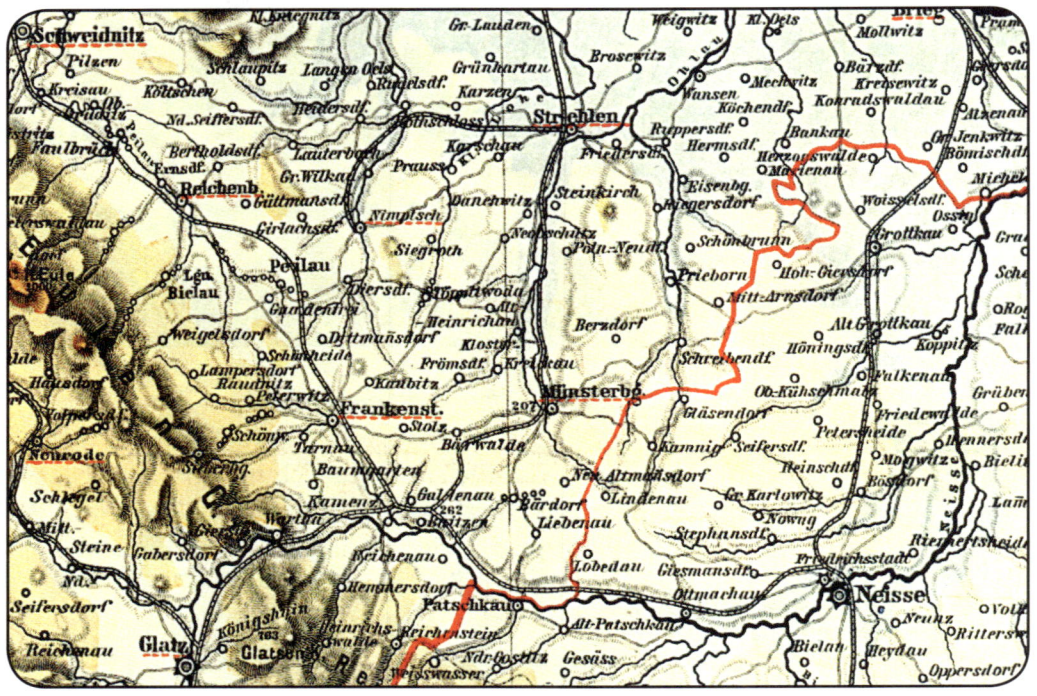

Karte des Strehlen-Münsterberger Berglandes

Die eigentlichen Strehlener Berge beginnen bei Heinrichau. Dabei handelt es sich um eine Reihe schön bewaldeter Kuppen, die von Süden nach Norden immer höher emporragen. Die höchste dieser Kuppen ist der 393 m hohe Rummelsberg. Bevor wir endgültig weiter in Richtung Glatz reisen, soll noch ein kurzer Abstecher in das Strehlen-Münsterberger Bergland unternommen werden. Für diesen Ausflug begeben wir uns nach Strehlen und fahren mit dem Zug von dort mit der preußischen Staatsbahnlinie Breslau – Mittenwalde bis nach Glatz.

Strehlen

Strehlen bekam im Jahr 1293 von Herzog Boleslaw I. von Schweidnitz deutsches Stadtrecht verliehen. Der Ort [165 m ü. d. M.] liegt an der Ohle und ist eine Kreisstadt im preußischen Regierungsbezirk Breslau. Die Stadt ist Knotenpunkt der Staatsbahnlinien

Strehlen. Blick vom Marienberg

Breslau – Mittenwalde, Strehlen – Heidersdorf und Strehlen – Grottkau. Im Jahr 1905 leben hier 8.999 Eiwohner, davon 2.433 Katholiken. In der Stadt gibt es zwei evangelische Kirchen sowie jeweils eine altlutherische, reformierte und katholische Kirche sowie eine Synagoge.

Neben der Arbeit in einem großen Steinbruch finden die Bürger der Stadt auch Beschäftigung in einer Zuckerfabrik, Dampfbrauerei und Ziegelbrennerei. Außerdem hat sich in Strehlen eine bedeutende Hausweberei und Strumpfstrickerei herausgebildet.

Vom Bahnhof führt die Münsterberger Straße in 10 Minuten zum Ring, wo schöne alte Bürgerhäuser zu besichtigen sind. In der Mitte des Platzes erhebt sich das mehrfach umgebaute Rathaus, in der Südwestecke das alte herzogliche Renthaus [von etwa 1600].

Südlich – oberhalb der Stadt – befindet sich der Marienberg mit schönen Parkanlagen. Ganz in der Nähe von Strehlen liegt das inzwischen eingemeindete Dorf Woiselwitz, das durch den beabsichtigten Verrat des Barons Warkotsch an Friedrich dem Großen eine gewisse Bekanntheit erzielt hat.

Nicht weit im Süden der Stadt sind auch die 1749 von ausgewanderten böhmischen Protestanten errichteten Kolonien Hussinetz und Podiebrad aufzusuchen.

Ausflüge in die Umgebung

Gleich südlich der Stadt beginnen die Strehlener Berge. Für eine Wanderung zum Rummelsberg allerdings müssen jedoch rund 2 ½ Stunden eingeplant werden. Zuerst geht man vom Ring südlich auf der Straße nach Pogarth in einer ¾ Stunde zur Försterei Mehltheuer, die Erfrischungen bereithält. Von dort führt der Weg über die „Kreuzeiche" bis zur „Sammelbirke" und schließlich links hinauf zum Gipfel.

Mit einer Zweigbahn ist von Strehlen ins 23 km entfernte Nimptsch und ins 33 km entfernte Grottkau zu fahren.

NIMPTSCH

Nimptsch an der Lohe [242 m ü. d. M.] ist eine Kreisstadt im preußischen Regierungsbezirk Breslau und liegt an der Staatsbahnlinie Koberwitz – Gnadenfrei. Im Jahr 1905 hat die Stadt 2.216 überwiegend evangelische Einwohner. An Gewerbebetrieben haben sich eine Ofen- und Tonwarenfabrik angesiedelt.

Die Stadt besitzt eine evangelische und eine katholische Kirche. Auch ist ein altes Schloss zu besichtigen. Ausflüge von Nimptsch bieten sich zu dem nahe der Stadt gelegenen Spitzberg an, der vom dortigen Aussichtsturm einen schönen Blick auf die Umgebung gewährt. Ebenfalls sollte man den romantischen Höllengrund mit der Teufelskanzel aufsuchen.

Spitzberg. Gnadenkapelle Maria Schnee

GROTTKAU

Grottkau ist eine Kreisstadt im preußischen Regierungsbezirk Oppeln am Knotenpunkt der Staatsbahnlinien Neiße – Brieg und Grottkau – Strehlen. Im Jahr 1900 beherbergt die Stadt, mit einer Abteilung Feldartillerie Nr. 21, 4.146 meist katholische Einwohner.

Im Jahr 1268 erhält Grottkau deutsches Stadtrecht. Wer sich für alte Befestigungsanlagen interessiert, kann in Grottkau zwei mächtige Torburgen bestaunen.

NACH GLATZ

Hinter Strehlen passiert der Zug links die Strehlener Berge und erreicht nach 7 Bahnkilometern die Station Steinkirche. Von Steinkirche aus ist in 2 Stunden zum Rummelsberg zu gelangen. Ebenfalls 2 Stunden sind für eine Wanderung nach Heinrichau einzurechnen.

HEINRICHAU

Heinrichau ist ein Dorf sowie ein Rittergut im preußischen Regierungsbezirk Breslau, Kreis Münsterberg. Der Ort liegt an der Ohlau und befindet sich an der Staatsbahnlinie Breslau – Mittelwalde. Im Jahr 1900 leben hier 927 Einwohner, das Dorf verfügt sowohl über eine evangelische als auch über eine katholische Kirche.

Wendet man sich am Bahnhof nach links und geht nach wenigen Schritten gleich rechts die Landstraße entlang, so wird nach einer guten ½ Stunde das 1222 mit Erlaubnis des Herzogs Heinrich I. von Schlesien vom Breslauer Domherrn Nikolaus gegründete [später auch gefürsteten] Zisterzienserkloster erreicht. Der erste Konvent zieht im Jahr 1227 ins Kloster ein.

Im Jahr 1617 [während des Exemtionsstreites] wird daneben die Andreaskirche erbaut. Zum Ende des 17. Jahrhunderts wird die gotische Klosterkirche, der älteste zisterziensische Klosterbau Schlesiens, von Abt Heinrich III. [Heinrich Kahlert, 1681 – 1702] im barocken Stil völlig neu errichtet. Sehenswert ist vor allem die Kanzel und das kostbare Chorgestühl, das wohl schönste in ganz Schlesien. Im Jahr 1715 wird auf dem Klosterplatz die Dreifaltigkeitskirche gegründet.

Im Laufe der Zeit erwirbt das Kloster erheblichen Grundbesitz, der 1810 – bei der Aufhebung des Klosters – über die preußische Prinzessin Friederike Louise Wilhelmine [der späteren Königin der Niederlande] an das Haus Oranien und von dort schließlich durch Kauf [1863] an das Herrscherhaus von Sachsen-Weimar gelangt.

Im Jahr 1863 wird das Kloster als Schloss für die Großherzöge von Sachsen-Weimar eingerichtet. [Der letzte Großherzog, Wilhelm Ernst, ist hier am 24. April 1914 verstorben und im Park des Schlosses beigesetzt worden.]

MÜNSTERBERG

Nach Heinrichau erreicht der Zug Münsterberg [208 m ü. d. M.] an der Ohlau. Die Stadt liegt an der Staatsbahnlinie Breslau – Mittelwalde und bietet im Jahr 1905 8.475 Einwohnern [davon 1.766 Evangelische] eine Heimstatt. In Münsterberg sind zwei Schwefelquellen, eine Zucker-, eine Präserven-, eine Goldleisten- sowie eine große Tonröhren- und Schamottfabrik ortsansässig.

Vom Bahnhof gelangt man – durch die Bahnhofstraße – in einer knappen ¼ Stunde zum Ring, wo das 1888 neu erbaute Rathaus besichtigt werden kann. Ganz in der Nähe des Rathauses ist auch die katholische Pfarrkirche zu finden, ein zweischiffiger Ziegelrohbau [mit Langhaus] aus der Mitte des 13. Jahrhunderts. Der spätgotische Chor der Kirche stammt aus dem 15. Jahrhundert. Aus gleicher Zeit ist auch der vor dem Gotteshaus freistehende Turm.

KAMENZ

Die nächste Station des Zuges ist der Bahnhof von Kamenz. Das Dorf [daneben das Gut] Kamenz [262 m ü. d. M.] wird in Reiseführern meist als ein unbedeutender Ort an der Neiße bezeichnet. Es ist Knotenpunkt der Staatsbahnlinien Breslau – Mittelwalde und Ziegenhals – Raudten sowie der Kleinbahnlinie Kamenz – Reichenstein und befindet sich im preußischen Regierungsbezirk Breslau, Kreis Frankenstein. Im Jahr 1900 zählt das Dorf 919 Bewohner und es existieren hier je eine Fabrik für landwirtschaftliche Maschinen und für Holzstoff. Kamenz besitzt eine evangelische, zum Schloss gehörige, und eine katholische Kirche.

Kamenz mit Schloss

Bis 1810 ist der Ort Sitz einer Zisterzienserabtei. Eine Tafel im Chor der Kirche erinnert an die Rettung König Friedrichs II. [1745], welcher der Überlieferung nach bei einem Überfall durch Kroaten im Mönchsgewand mit den Geistlichen im Chor gesungen haben soll.

Kamenz. Königlich prinzliches Schloss

Auf dem nahen Hartaberg erhebt sich ein gewaltiges Schloss, das dort Martius im gotischen Stil nach Entwürfen von Schinkel erbaut hat. Das Schloss ist Eigentum des Prinzen Albrecht von Preußen. Hinter dem Schloss befindet sich der für das Publikum geöffnete Park, wo sonntags wie auch donnerstags zwischen 15 und 18 Uhr eindrucksvolle Wasserspiele geboten werden.

Ausflüge in die Umgebung

Von Kamenz ist auf der Poststraße ins 11 km entfernte Reichenstein zu gelangen, wo sich ganz in der Nähe ein Arsenikbergwerk befindet. Von Reichenstein sind es dann noch einmal 8 km bis Landeck. Eine Wanderung dagegen, für die etwa 5 Stunden einzurechnen sind, führt durch das Schlackental und über den Rosenkranz, wo neben einer Kapelle auch ein gemütliches Weinhaus auf Besucher wartet.

WARTHA

Die kleine Stadt Wartha an der Glatzer Neiße liegt 10 Bahnkilometer von der Station Kamenz entfernt und ist ein vielbesuchter Luftkurort. Die Stadt, in der es eine Spielzeugfabrik tätig ist, liegt an der Staatsbahnlinie Breslau – Mittelwalde und kann im Jahr 1905 1.312 Einwohner [darunter 126 Evangelische] vorweisen. Übernachtungsmöglichkeiten bestehen in den Gasthäusern „Neuland", „Deutsches Haus" und „Löwe".

Das angeblich wundertätige Marienbild in der katholischen Kirche zieht jährlich bis zu 80.000 Wallfahrer an.

Wartha. Blick zum Bergsturz und auf Glatzer Neiße

Wartha. Marienbrunnen auf dem Warthaberg

Wartha. Die Kapelle auf dem Warthaberg

Von der Ortschaft führt ein steiler Weg auf den Warthaberg zur Annakapelle [560 m ü. d. M.] hinauf, die jährlich von mehr als 40.000 Pilgern besucht wird. Der Gipfel des Berges bietet eine schöne Aussicht auf die Umgebung. Eine solche gewähren auch der Königshainer Spitzberg [716 m], der Bergsturz und der Greifenstein.

Von Wartha wären es nur noch 11 weitere Bahnkilometer bis Glatz. Weil wir aber noch einige andere Gegenden des schlesischen Gebirges aufsuchen wollen, wenden wir uns wieder Hirschberg zu.

Mit dem Zug von Hirschberg nach Glatz

So steigen wir nach unserer Reise durch das Riesengebirge und den Abstechern zum Zobten und ins Strehlen-Münsterberger Bergland im Hirschberger Bahnhof in den Zug und fahren in Richtung Glatz. Gleich zu Beginn wird uns landschaftlich etwas Besonders geboten, denn der Abschnitt von Hirschberg nach Märzdorf gilt als der schönste der gesamten Strecke.

Schildau

Nach Hirschberg erreicht der Zug bald das schöne Dorf Schildau. Die Dorfkirche des Ortes liegt eine ½ Stunde südlich der Bahnstation, wo ein Denkmal an Ulrich von Schaffgotsch [† 1563] erinnert. Auch ist hier das Schloss des Prinzen Albrecht von Preußen zu besuchen. Schon zu Anfang des 19. Jahrhunderts ist das Äußere des Schlosses in den Zinnenstil des Mittelalters umgewandelt worden.

Der Schildauer Park grenzt an den Park von Lomnitz und bildet mit diesem den Anfang einer größeren gestalteten und äußerst romantischen Parklandschaft.

Von Schildau sind es 7 Bahnkilometer nach Jannowitz und weitere 8 km nach Märzdorf. Jenseits von Märzdorf muss der Zug mehrfach den Bober überqueren. Bei Kilometerstand 104 [von Görlitz aus gerechnet] erreicht der Zug Ruhbank, den Knotenpunkt für die Bahn über Liebau nach Königsgrätz.

Wittgendorf

Danach steigt die Bahn im Tal der Lässig hinauf und erreicht nach 6 km Wittgendorf, wo sich bedeutende Kohlebergwerke befinden. Wittgendorf ist um 1220 als deutsches Waldhhufendorf gegründet worden. Um 1870 hat man hier Gräber aus frühgermanischer Zeit [etwa 500 – 300 v. Chr.] entdeckt. Im sumpfigen Gebiet des Gebirgsbaches steht ein mittelalterlicher Wohnturm [um 1400]. Etwa zur gleichen Zeit ist auch die katholische Kirche des Ortes errichtet worden. 1 ½ Stunden nordöstlich von Wittgendorf befindet sich der Sattelwald mit seinen drei Gipfeln, wohin ein Ausflug sicherlich lohnend ist.

GOTTESBERG

In Gottesberg, der höchstgelegenen Stadt Schlesiens, erreicht die Bahn bei Kilometerstand 118 ihren höchsten Punkt. Der Bahnhof liegt 536 m, der Ring 592 m über dem Meeresspiegel. Gottesberg ist eine Stadt im preußischen Regierungsbezirk Breslau, Kreis Waldenburg. Sie liegt an der Staatsbahnlinie Kohlfurt – Glatz. Im Jahr 1900 verfügt die Stadt über 8.966 meist evangelische Einwohner. Neben einer evangelischen und katholischen ist auch eine altkatholische Kirche zu finden. Die Menschen arbeiten hauptsächlich im Steinkohlebergbau, auch bestehen Porphyrbrüche sowie eine Bierbrauerei und Malzfabrikation.

Auf dem nahen Porphyrkegel, der Bismarckhöhe, ist eine Säule errichtet, die an den ersten deutschen Reichskanzler erinnert.

FELLHAMMER

Nach kurzer Strecke erreicht der Zug die Station Fellhammer, wo ein Wagenwechsel nach Salzbrunn und nach Schlesisch Friedland stattfindet. Fellhammer, im preußischen Regierungsbezirk Breslau, Kreis Waldenburg, gelegen, weist im Jahr 1900 4.890 Einwohner auf, die hauptsächlich im Bergbau tätig sind.

DITTERSBACH

Nach etwas Aufenthalt in Fellhammer geht es durch einen Tunnel ins 5 Bahnkilometer entfernte Dittersbach, wo das Bahnhofsrestaurant neben Speisen und Getränken auch eine schöne Aussicht zu bieten hat.

Dittersbach

Dittersbach ist ein Dorf im preußischen Regerungsbezirk Breslau, Kreis Waldenburg, und liegt im niederschlesischen Steinkohlengebirge. Der Ort ist Knotenpunkt für die Staatsbahnlinien Kohlfurt – Glatz und Dittersbach – Salzbrunn. Im Jahr 1900 leben hier 9.371 Einwohner, die hauptsächlich im Steinkohlebergbau Beschäftigung finden. Auch Garnbleicherei und eine Zündholzfabrik haben sich angesiedelt.

Görbersdorf. Büttnergrund

Von Dittersbach nach Görbersdorf
Von Dittersdorf bietet sich eine Fahrt nach Görbersdorf [über Langwaltersdorf] an, die etwa 1 ½ Stunden dauert.

Görbersdorf [561 m ü. d. M.] ist ein Luftkurort im preußischen Regierungsbezirk Breslau, Kreis Waldenburg. Das Dorf liegt malerisch in einem von bewaldeten Bergen eingerahmten Tal des Waldenburger Gebirges. Im Jahr 1900 leben hier 660 meist evangelische Einwohner, wo sich vier große Heilanstalten für Lungenkranke angesiedelt haben.

Görbersdorf gehört zum reichsgräflich von Hochbergschen Majorat und befindet sich im Besitz des Fürsten von Pless.

Görbersdorf. Oberdorf mit Freudengrund

Görbersdorf. Dr. Brehmers Heilanstalt

Görbersdorf. Waldmühle im Büttnergrund

Görbersdorf. Dr. Römplers Heilanstalt

Von Dittersbach nach Bad Charlottenbrunn

Zudem ist von Dittersbach eine lohnende Wanderung nach Bad Charlottenbrunn zu unternehmen. Der Weg geleitet meist durch Wald, geht durch den Schwarzen Grund und führt darauf links am Ochsenkopf vorbei. Biegt man jedoch am Schwarzen Grund rechts ab, so wird nach nur 10 Minuten die Ruine Neuhaus erreicht.

Weiter wird dann über Nesselgrund nach Lehmwasser gelaufen, wo ein Wirtshaus zur Stärkung einlädt. Danach führt der Weg über den Karlshain nach Charlottenbrunn. Für die ganze Strecke muss ein guter Wanderer wohl knapp zwei Stunden einplanen.

Auch der Zug fährt rechts an der Ruine Neuhaus vorbei, danach in einem ungefähr 1.600 m langen Tunnel durch den Ochsenkopf und schließlich am nördlichen Abhang des Schwarzen Berges entlang.

Bad Charlottenbrunn liegt 485 m über dem Meeresspiegel. Der Bahnhof liegt an der Staatsbahnlinie Kohlfurt – Glatz und ist 2 km vom Ort entfernt. Zu jedem Zug bietet die Post einen Transport in den Ort an. Die kurze Fahrt kostet 30 Pfennig. Charlottenbrunn ist ein Luftkur- und Badeort im preußischen Regierungsbezirk Breslau, Kreis Waldenburg.

Der Ort liegt im Waldenburger Gebirge und zeigt sich fast gänzlich von Tannenwaldungen umschlossen. Nur nach SSO öffnet sich ein Tal. Zimmer bieten das „Kurhaus", das „Deutschen Haus", die „Friedenshoffnung", der „Grundhof" und die „Preußische Krone" an.

Bad Charlottenbrunn. Kur- und Badehaus

Bad Charlottenbrunn. Villen am Karlshain

Zwei schwach alkalisch-erdige Eisenquellen und mehrere schöne Parkanlagen wie den Karlshain, die Bismarckanlagen und die Engelschen Anlagen stehen den Erholungssuchenden in Bad Charlottenbrunn zur Verfügung. Gäste haben pro Person 12 Mark Kurtaxe zu entrichten.

Zudem bieten sich von Charlottenbrunn Ausflüge nach Kynau und ins Schlesiertal zur Talsperre an. Auf der Landstraße sind ca. 8 km zu laufen. Bei Kynau kann die noch recht wohlerhaltene Ruine der Kynsburg besichtigt werden. Diese gehörte einst zu den Befestigungsanlagen des Herzogs Bolko I. von Schweidnitz [1291 – 1301] gegen Böhmen.

Im Jahr 1819 wird die Herrschaft Kynsburg zwangsversteigert und vor dem Abriss bewahrt. Viele Ausflügler besuchen die einzigartige, gut erhaltene Burg, nachdem eine vielbesuchte Gastwirtschaft in ihren Mauern eingerichtet worden ist. Mit dem Bau der Eisenbahn von Schweidnitz nach Charlottenbrunn 1904 wird zudem das herrliche Weistritztal verkehrsmäßig erschlossen.

Als in den Jahren 1912 – 1914 bei Kynau die Schlesiertalsperre errichtet worden ist, ist die Burg gar zu einem Anziehungspunkt geworden. Romantisch thront sie seitdem über der bis an den Burgberg reichenden Schlesiertalsperre bei Breitenhain und spiegelt sich in deren Wasser.

*Kynsburg. Torhaus mit den 1570 geschaffenen und
1903 bis 1905 wiederhergestellten Sgrafitten*

Schlesiertalsperre oder auch Weistritztalsperre

WÜSTEGIERSDORF

Nachdem der Zug nach Dittersbach den Reimsbacher Tunnel passiert hat, ist bei Kilometerstand 133 Wüstegierdorf erreicht, das sich etwa 7 km lang im Weistritztal erstreckt. Ausflügler können im Gasthaus „Zur Sonne" einkehren.

Nieder-Wüstegiersdorf ist ein Dorf im preußischen Regierungsbezirk Breslau, Kreis Waldenburg. Der Ort liegt im oberen Weistritztal am Eulengebirge. Bahnstation dafür ist Wüstegiersdorf an der Staatsbahnlinie Kohlfurt – Glatz. Im Jahr 1905 besitzt Nieder-Wüstegiersdorf 3.483 Einwohner [darunter 936 Katholiken]. An Gewerben haben sich Kammgarnspinnerei, mechanische Wollweberei, Leinweberei, Färberei und Druckerei im Ort angesiedelt.

Ausflüge in die Umgebung

Von Niederwüstegiersdorf kann in 1 ½ Stunden zum Hornschloss gewandert werden. Zunächst wird über Obertannhausen und Donnerau zum Langenberg gelaufen. Von dem dortigen Triangulationspunkt aus besteht ein weiter Rundumblick. Darauf marschiert man am Hornberg entlang zum Hornschloss. Die Trümmer dieser alten, im Jahr 1497 zerstörten Raubritterburg belohnen mit einem schönen Blick auf die herrliche Umgebung.

NACH LUDWIGSDORF

Bei Kilometerstand 135 erreicht der Zug die Bahnstation Ober-Wüstegiersdorf und nach weiteren 5 km die Bahnstation Königswalde. Nach Königswalde passiert der Zug einen Tunnel und fährt anschließend am östlichen Abhang des Spitzbergs entlang über den Hausdorfer und Galgengrund-Viadukt zum von Königswalde 7 km entfernten Ludwigsdorf. Von Ludwigsdorf besteht die Möglichkeit, in etwa drei Stunden nördlich über Falkenberg und die Eulenbaude zur Hohen Eule zu wandern.

NEURODE

Nach Ludwigsdorf rollt der Zug in den Bahnhof von Neurode ein, wo in den Gasthäusern „Deutsches Haus" und „Wildenhofs Hotel" eingekehrt werden kann.

Das Städtchen Neurode [368 m ü. d. M.] liegt im engen Tal der Walditz an der Staatsbahnlinie Kohlfurt – Glatz und besitzt im Jahr 1905 7.297 Einwohner, darunter 848 Evangelische. Es existieren eine evangelische Kirche sowie 4 katholische, darunter die neue, im gotischen Stil erbaute Pfarrkirche zu St. Nikolaus. Sehenswert sind auch das alte Schloss, das schöne, neue Rathaus und der große Monumentalbrunnen.

In Neurode sind ein Elektrizitätswerk, eine Bierbrauerei, Spinnerei, Weberei sowie Fabriken zur Herstellung von Jalousien und Federn tätig. Außerdem arbeiten die Menschen im Steinkohlenbergbau sowie in den nahen Sandsteinbrüchen und Tongruben.

Neurode. Katholische Kirche

Auf dem Hügel südlich der Stadt ist die St. Annakapelle [647 m ü. d. M.] erbaut. Von hier besteht eine schöne Aussicht auf die Umgebung. Sollte man beim Aufstieg zur Kapelle etwas außer Atem geraten sein, findet man im Restaurant bei der Kapelle Stärkung. 1 ½ Stunden davon liegt Scharfeneck, wo die Walditz in die Steine mündet. Ganz in der Nähe von Neurode befindet sich auch die Kaltwasserheilanstalt Bad Centnerbrunn.

MITTELSTEINE

Der Zug dampft nach Neurode im Tal der Walditz weiter und bald ist die Station Mittelsteine erreicht. Mittelsteine liegt an der Steine und ist Endpunkt der Bahn von Halbstadt über Braunau. Um 1915 weist der Ort ca. 1.700 Einwohner auf, die meist im Steinkohlenbergbau beschäftigt sind.

Von Mittelsteine bieten sich dem Wanderer Ausflüge nach Wünschelburg und zur Heuscheuer an.

NACH GLATZ

Von Mittelsteine folgt die Bahn dem Tal der Steine und erreicht nach 8 km die Station Möhlten und nach weiteren 2 km Birgwitz. Weiter rattert der Zug über die Glatzer Neiße nach Glatz, das schließlich bei Kilometerstand 175 erreicht ist.

Schweizerei auf der Heuscheuer

Glatzer Schneeberg mit Kaiser-Wilhelm-Turm

DAS GLATZER BERGLAND

Das Glatzer Bergland ist eine Kessellandschaft von beinahe rechteckiger Form. Die Mitte ist vertieft und ein nahezu gänzlich ebenes Land [etwa 300 – 400 m hoch]. Eingeschlossen ist diese Ebene von hohen Randgebirgen.

Karte der Grafschaft Glatz

Den Nordostrand begrenzen das Reichensteiner- und das Eulengebirge. Diese werden durch die Glatzer Neiße im Pass von Wartha geschieden. Den Südwestrand bilden das Böhmisch-Glatzer Grenzgebirge und das Heuscheuergebirge. Diese werden durch den Pass von Reinerz, in dem die Reinerzer Weistritz fließt, getrennt.

181

Der Südostrand des Glatzer Berglandes besteht aus dem Schneegebirge, das sich unmittelbar an das Reichensteiner Gebirge anschließt, und aus dem Böhmisch-Glatzer-Grenzgebirge, die durch den Pass von Mittelwalde voneinander getrennt sind.

Der Nordwestrand ist zum Teil offen; in dessen Mitte noch die Ausläufer des Waldenburger Gebirges hinein reichen. Zwischen diesem und dem Eulengebirge liegt das Tal von Neurode, auf der anderen Seite befindet sich das Tal der Glatzer Steine. Den Südostrand bildet das Glatzer Schneegebirge, der höchste Rand des Kessellandes. Dazu gehört das Gebirgsland zwischen dem Ramsauer Sattel und dem Pass von Krautenwalde.

DIE STADT GLATZ

Glatz [294 m ü. d. M.] ist eine Kreisstadt im preußischen Regierungsbezirk Breslau und Festung zweiten Ranges. Die Stadt liegt in dem dort recht engen Tal der Neiße und ist Knotenpunkt der Staaatsbahnlinien Breslau – Mittelwalde, Glatz – Reinerz sowie Dittersbach – Glatz.

Glatz

Im Jahr 1900 beherbergt Glatz, zusammen mit dem Infanterieregiment 38, 14.926 Einwohner, darunter 2.564 Evangelische. An Gewerben haben sich Zigarren-, Gamaschen-, Wurst-, Tonwaren- und Maschinenfabriken angesiedelt. Außerdem sind in Glatz eine Bierbrauerei, eine Spiritusbrennerei, ein Dampfsägewerk und eine Ziegelbrennerei ansässig.

Glatz. Stadtbahnhof

Zum Landgerichtsbezirk Glatz gehören die 11 Amtsgerichte zu Frankenstein, Glatz, Habelschwerdt, Landeck, Lewin, Mittelwalde, Münsterberg, Neurode, Reichenstein, Reinerz und Wünschelburg.

Möchte man für längere Zeit in der Stadt verweilen, so ist bei der Quartiersuche das stets gelobte „Weiße Lamm" zu empfehlen. Doch auch in den Gasthäusern „Stadt Rom" und „Neu-Breslau" sind bequeme Zimmer zu mieten; am Ring kann im „Schwarzen Bären" eingekehrt werden. Ein Zimmer Z. L. B. ist zwischen 1 ¾ und 2 Mark zu erhalten. Ein Mittagessen kostet 1 Mark 50, ein Frühstück 40 Pfennig. Wer nicht so viel ausgeben kann oder möchte, findet eine bescheidene Unterkunft im „Weißen Ross".

Die Stadt Glatz liegt hauptsächlich auf dem linken Neißeufer und steigt mit ihren meist engen Straßen terrassenförmig den felsigen Festungsberg hinauf. Auf diesem befindet sich die Festung mit dem Observationsturm [Donjon]. Die alten Festungswerke sind größtenteils in den Felsen gesprengt.

Der Donjon überragt die Stadt um rund 90 m und ist weit hinein in die Grafschaft sichtbar. Auf seine Besichtigung sollte man auf keinen Fall verzichten. Erlaubniskarten sind gegen eine Gebühr von 50 Pfennig in der Kommandantur am Ring zu erhalten. Der beim Turm stehende Soldat freut sich übrigens auch über ein kleines Trinkgeld.

Glatz. Hotel Stadtbahnhof

Glatz. Blick zur Festung

Auf dem rechten Ufer der Neiße liegt die in den Jahren 1745 – 1750 von den Preußen angelegte neuere Festung, der Schäferberg. Die Stadtbefestigung ist allerdings 1877 aufgehoben worden und auf deren eingeebneten Werken ein neuer Stadtteil entstanden.

Vom Stadtbahnhof geradeaus gelangt man über die Neiße zum Rossmarkt und zu der in der zweiten Hälfte des 17. Jahrhunderts erbauten barocken Garnisons- oder Minoriten-kirche, deren zwei Türme an der Westseite mit Zwiebelhauben ausgestattet sind.

Glatz

Von den drei Kirchen der Stadt – 2 katholische und 1 evangelische – ist besonders die alte Stadtpfarrkirche sehenswert, die sich etwas südwestlich vom Ring erhebt. Ursprünglich eine spätgotische Basilika, wird 1673 das gesamte Innere der Kirche von den Jesuiten im Barockstil umgebaut, und so sind hier überall reiche Stuckarbeiten zu bestaunen. Am Ende des linken Seitenschiffes steht ein Taufstein von 1517, im Mittel-schiff die Kanzel von 1717. Auch sind in der Kirche die Gräber von 7 schlesischen Herzögen zu sehen. Neben den Kirchen besitzt Glatz auch eine Synagoge.

Vom Rossmarkt gelangt der Ausflügler über die Brückentorbrücke [aus dem Ende des 14. Jahrhunderts] hinauf zum Ring, in dessen Mitte das 1890 vollendete Rathaus thront, dessen barocker Turm die Stadt überragt. Reisende, die an der preußischen Geschichte ein besonderes Interesse haben, werden in Glatz sicherlich das Denkmal von Kaiser Wilhelm I. [von Seger] in den Städtischen Promenaden und das des Grafen Götzen – südlich von der Garnisonskirche auf der Minoritenstraße entlang – aufsuchen.

Glatz. Rathaus

Aus der Geschichte von Glatz

Schon für das Jahr 981 wird eine Burg Kladsko urkundlich erwähnt. Etwa um 1250 lassen sich hier deutsche Einwanderer nieder und Glatz besitzt bis 1546 das Magdeburger Stadtrecht. 1429 können die Hussiten Glatz – trotz längerer Belagerung – nicht einnehmen. Erst während des 30jährigen Krieges [im Jahr 1622] gelingt es den Kaiserlichen, die Stadt zu erobern. Verschiedene Versuche der Schweden, die Stadt danach ihrerseits einzunehmen, sind alle gescheitert.

Nachdem Glatz an Preußen gefallen ist, belagert 1760 Laudon die Stadt und kann durch einen Überfall die Zitadelle in seine Gewalt bringen. Nach den drei Schlesischen Kriegen lässt Friedrich der Große Glatz mit neuen Befestigungsanlagen versehen. Während der napoleonischen Zeit hat die Stadt eine hartnäckige Belagerung durch Bayern und Württemberger zu ertragen [1807], wird jedoch tapfer durch den Grafen Friedrich Wilhelm von Götzen [† 1820] verteidigt.

Nachdem es den Angreifern schließlich doch gelungen ist, das verschanzte Lager zu erstürmen, muss er sich zur Übergabe der Stadt bereit erklären. Doch durch den Abschluss des Tilsiter Friedens verbleibt Glatz weiterhin bei Preußen.

Kleinere Ausflüge in die Umgebung

Von Glatz bietet sich eine kleine Wanderung zum 716 m hohen Königshainer Spitzberg an. Vom Turm des Berges besteht eine herrliche Aussicht auf die Umgebung. Ein anderer schöner Aussichtspunkt in der Nähe ist der Rote Berg.

Größere Ausflüge in das Glatzer Gebirge

Für größere Wanderungen in das Gebirge ist die Stadt Glatz ein sehr geeigneter und beliebter Ausgangspunkt, denn die schönsten Punkte des Gebirges sind von hier in zwei Tagen zu besuchen.

Der 1. Tag führt mit der Post oder einem Wagen nach Landeck und Seitenberg. Von dort aus läuft man durch den Klessengrund auf den Schneeberg. Übernachtungen sind in der „Schweizerei" möglich.

Am 2. Tag wird zunächst zum Wölfelsfall und dann auf den Spitzigen Berg marschiert. Von dort begibt man sich weiter über Wölfelsdorf nach Habelschwerdt oder nach Bad Langenau.

Auch verkehrt im Sommer die Post von Glatz nach Bad Landeck 6mal täglich. Für eine Strecke werden etwa 3 ½ Stunden benötigt. Von Landeck nach Seitenberg wird 2mal täglich gefahren. Für einen zweispännigen Wagen von Glatz nach Bad Landeck müssen 7 Mark, bis nach Seitenberg 10 Mark ausgegeben werden. Führer sind auf diesem Ausflug nicht nötig. Für Gepäckträger mit Verköstigung sind täglich 2 Mark, ohne Verköstigung bis zu 4 Mark aufzuwenden.

MIT DEM ZUG NACH MITTELWALDE

Der erste Ausflug von Glatz aus führt uns mit der Bahn nach Mittelwalde. Nach 9 km erreicht der Zug die Station Rengersdorf.

RENGERSDORF

Rengersdorf liegt im preußischen Regierungsbezirk Breslau, Kreis Glatz, an der Glatzer Neiße und der Staatsbahnlinie Breslau – Mittelwalde. Im Jahr 1905 leben in Rengersdorf 2.239 Einwohner. Der Ort besitzt sowohl eine evangelische als auch eine katholische Kirche. An Gewerbebetrieben arbeitet neben mehreren Webereien auch eine Handelsmühle. In der Nähe von Rengersdorf befinden sich Steinbrüche.

Von Rengersdorf bietet sich uns ein schöner Spaziergang über die Bittnerkoppe zum Hutstein an, die beide eine schöne Sicht auf die Umgebung gewähren. Dort angekommen, kann man für die weitere Wanderung zwischen zwei Wegen wählen.

Der eine führt weiter zur Antonikapelle, der andere zuerst zum Pilz, einem schönen Aussichtspunkt, und danach hinab zum anmutigen Dorf Grafenort. Hier kann in „Caspers Gasthaus" oder in der „Brauerei" Quartier bezogen werden. Sehenswert ist in Grafenort das gräflich Hebersteinsche Schloss mit dem wunderschönen Park. Von Grafenort über Krotenpfuhl ist man in 2 Stunden bis nach Habelschwerdt gelaufen.

HABELSCHWERDT

Mit dem Zug sind es von Rengersdorf zur Bahnstation Habelschwerdt 11 km, die etwa 20 Minuten vom eigentlichen Ort entfernt liegt.

Habelschweldt an der Glatzer Neiße [330 m ü. d. M.] ist eine Kreisstadt im preußischen Regierungsbezirk Breslau an der Staatsbahnlinie Breslau – Mittelwalde. Die Stadt liegt in anmutiger Umgebung und verfügt im Jahr 1900 über 6.041 Einwohner. Für die Gläubigen der Stadt bestehen in Habelschwerdt eine evangelische und zwei katholische Kirchen. Neben einem Elektrizitätswerk, einem Holzsägewerk und einer Dampfziegelei arbeiten im Ort auch Fabriken zur Herstellung von Zündhölzern und Holzschachteln. Übernachtet werden kann in den Gasthäusern „Drei Karpfen" sowie „Deutsches Haus", das auch ein Restaurant besitzt.

Kleine Ausflüge in die Umgebung

Von Habelschwerdt bis zur Kapelle St. Florian läuft man etwa eine ¼ Stunde. Die Kapelle ist ein herrlicher Aussichtspunkt. Eine andere Wanderung bietet sich zum Dohlenberg an. Zuerst geht man westlich über die Weistritz und die Wustung. Nach etwa einer ¾ Stunde kann in einem romantischen Wirtshaus eingekehrt und eine kleine Stärkung zu sich genommen werden. Vom Wirtshaus ist es noch einmal eine ½ Stunde bis zum Dohlenberg hinauf, der eine schöne Aussicht gewährt.

Habelschwerdt

Auch ist mit einem Wagen von Habelschwerdt ein schöner Ausflug ins 30 km entfernte Reinerz zu unternehmen. Auf guter Straße fährt man über Altlomnitz und Altheide und danach auf der Glatz-Nachoder Straße.

Nach Reinerz ist aber auch eine schöne Wanderung zu unternehmen. Diese führt zunächst über den Brand, Langenbrück, Kronstadt nach Kaiserswalde. Danach läuft man zwischen der Hohen Mense und den Seefeldern [753 m ü. d. M.] hindurch.

Die Seefelder sind ein durch Flora und Fauna außerordentlich interessantes Hochmoor, dessen Abflüsse sich in Elbe und Oder ergießen.

BAD LANGENAU

Die Bahnstation Langenau liegt 6 km von Habelschwerdt entfernt. Der Bahnhof ist ungefähr eine ¼ Stunde vom freundlich gelegenen Bad Langenau [357 m ü. d. M.] entfernt. Ausflügler und Kurgäste finden im „Kurhaus", „Annahof" und „Jägerhof" bequeme Unterkünfte.

Aufgesucht werden in Bad Langenau zwei Quellen [alkalisch-erdige Eisensäuerlinge], die Emilien- und die Elisenquelle, die sowohl zum Trinken als auch zum Baden benutzt werden. Auch Moorbäder werden angeboten. Außerdem besteht eine Kinderheilstätte.

Ausflüge von Bad Langenau aus

Eine kleine Wanderung von 1½ Stunden führt auf den nahegelegenen Dreitannenberg, wo sich ein Lusthäuschen befindet und einen schönen Blick auf die Umgebung gewährt. Für einen Ausflug zum Dohlenberg muss etwa ein ½ Tag eingeplant werden. Auch führt von Bad Langenau zum Wölfelsfall eine interessante Strecke durch malerische Gegend.

MITTELWALDE

Drei Kilometer nach Bad Langenau fährt der Zug Ebersdorf und nach weiteren 8 km Mittelwalde [Bahnhof 469 m ü. d. M.] an, wo das Gasthaus „Stern" Zimmer anbietet. Besonders gute Mahlzeiten sind im Restaurant „Sterngarten" zu erhalten. Der Ort verfügt um 1915 über rund 2.800 Einwohner.

Sehenswert ist das gräflich Althannsche Schloss aus dem 16. bis 17. Jahrhundert und die Mariensäule von 1698 am Ring. An der Südseite des Rings befinden sich die Grulicher und Wiener Straße mit ihren schönen hölzernen Laubenhäusern.

Die Umgebung von Mittelwalde ist äußerst malerisch und Wanderer sollten den Meisenberg und die Schwedenschanze aufsuchen. Lohnende Ausflüge bieten sich auch nach Böhmen an: Nach Grulich, zur Burg Littitz und nach Pottenstein. [Die österreichische Nordwestbahn fährt in 4 Stunden ins 91 km entfernte Königgrätz.]

DURCH DIE GLATZER GEBIRGSLANDSCHAFT

Von Glatz, dem Mittelpunkt der gleichnamigen Grafschaft, wollen wir die einzelnen Gebirge der Grafschaft aufsuchen. Zuerst soll das Eulengebirge erkundet werden, und so fahren wir nach Schweidnitz.

DAS EULENGEBIRGE

Das Eulengebirge ist ein Teil des Glatzer Gebirgssystems [innerhalb der Sudeten]. Es liegt zwischen der Glatzer Neiße und der oberen Weistritz und bildet die Fortsetzung des Reichensteiner Gebirges. Der steil ansteigende Bergrücken ist im Durchschnitt etwa 650 m hoch, weist aber mehrere höhere Gipfel auf. Der höchste Berg des Eulengebirges ist die „Hohe Eule" [1.014 m]. Weitere Erhebungen sind der „Sonnenstein" [959 m] und die „Große Strohhaube" bei Silberberg.

SCHWEIDNITZ

Unseren Ausflug durch das Eulengebirge wollen wir von der Stadt Schweidnitz aus beginnen. Schweidnitz ist eine Stadt [und ein Stadtkreis] im preußischen Regierungsbezirk Breslau und liegt in einem fruchtbaren Tal zwischen Zobten und Eulengebirge [247 m ü. d. M.]. Die Stadt besitzt zwei Bahnstationen und ist Knotenpunkt der

Staatsbahnlinien Ziegenhals – Kamenz – Raudten. Schweidnitz verfügt über 4 Kirchen [2 evangelische und 2 katholische], darunter die von Bolko II. 1330 gegründete Pfarrkirche mit dem höchsten Turm Schlesiens [103 m]. Sehenswert ist in Schweidnitz auch das alte Rathaus mit seinem berühmten Keller.

Im Jahr 1905 leben in Schweidnitz, mit einem Grenadierregiment Nr. 10 sowie einem Feldartillerieregiment Nr. 42, 30.540 Einwohner, davon 12.067 Katholiken. Neben der Bierbrauerei [berühmt: „Schwarzer Schöps"] arbeiten in der Stadt auch Fabriken zur Herstellung von Elektrizitätszählern, Maschinen, Möbeln, Handschuhen, Werkzeugen, Terrakotta- und Tonwaren, Federbesatzstoffen, Wagen, Zigarren und Nadlerwaren. Auch der Handel mit Getreide und landwirtschaftlichen Produkten ist von größerer Bedeutung.

Karte vom Eulengebirge

Gleich am Bahnhof von Schweidnitz, im Gasthaus „H. Thamm", kann Quartier bezogen werden. Am Markt befinden sich die Gasthäuser „Krone" und „Scepter". Zimmer Z. L. B. sind ab 2 Mark zu erhalten. Ein Frühstück kostet 75 Pfennig und ein Mittag-

Schweidnitz. Katholische Kirche

Schweidnitz, Friedenskirche

essen 1 Mark 25. Etwas preiswerter ist es im Gasthaus „Deutsches Haus", das in Reiseführern stets mit „ganz gut" eingestuft wird.

Ebenfalls am Bahnhof befindet sich der mit schönen Anlagen geschmückte Wilhelmsplatz, an dem das Postamt zu finden ist. Ganz in der Nähe davon steht das imposante Gebäude des Land- und Amtsgerichts. Am Marktplatz ist das schöne Rathaus zu besichtigen, das mit seinem 52 m hohen Turm sehr beeindruckend ist. Vom Turm der stattlichen katholischen Pfarrkirche aus [100,5 m], besteht ein schöner Blick auf Stadt und Umgebung.

Aus der Geschichte von Schweidnitz

Schweidnitz war früher ein unmittelbares Fürstentum in Niederschlesien [Größe: ca. 2.420 km² mit 225.000 Einwohnern], das aus der 1278 unter den Herzögen von Niederschlesien vorgenommenen Teilung hervorging. Nach dem Aussterben des Herzogsgeschlechts [14. Jh.] fällt das Gebiet an Böhmen und gelangt schließlich 1741 an Preußen. Heute umfasst das Gebiet des ehemaligen Fürstentums die preußischen Kreise Bolkenhain, Landeshut, Reichenbach, Schweidnitz, Striegau und Waldenburg.

Die Stadt Schweidnitz war Residenz der ersten Piasten und ein wichtiger fester Platz in Schlesien. 1642 wird die Stadt von den Schweden unter Torstensson erobert. Im 7jährigen Krieg überdauern die Festungswerke vier Belagerungen, werden aber 1862 geschleift und zu schönen Promenaden umgewandelt.

Ausflüge in die Umgebung

Von Schweidnitz bietet sich uns ein Ausflug über Jakobsdorf und danach auf der Landstraße über Weistritz bis zum 11 km entfernten Breitenhain an. Von hier erkunden wir das Schlesiertal, wie hier das waldreiche Tal der Weistritz heißt.

JAKOBSDORF

Drei Kilometer nach Schweidnitz läuft der Zug Jakobsdorf an. Bei der Weiterfahrt sind links die Hügel am Peileufer zu sehen. Auf einem der Hügel thront eine rote Kapelle, die Grabstätte des Feldmarschalls Grafen von Moltke [† 24. April 1891] sowie dessen 1868 verstorbene Gemahlin und dessen Schwester. Das Schloss des Feldmarschalls, Kreisau, ist dahinter sichtbar.

REICHENBACH

Acht Kilometer nach Jakobsdorf erreicht der Zug den Bahnhof von Faulbrück und nach weiteren 8 km den von Reichenbach. Reichenbach in Schlesien liegt an der Peile am Fuß des Eulengebirges [259 m ü. d. M.]. Die Stadt ist Kreisstadt im preußischen Regierungsbezirk Breslau und Knotenpunkt der Staatsbahnlinien Ziegenhals – Raudten und Reichenbach – Oberlangenbielau sowie der Kleinbahn Reichenbach – Wünschelburg.

Maassstab 1:150 000. 0 1 2 3 4 5 Kilometer.

Schweidnitz und Umgebung

Reichenbach. Vom Bahnhof aus gesehen

Im Jahr 1905 beherbergt Reichenbach 15.984 Einwohner [darunter 5.298 Katholiken]. Neben einer evangelischen Kirche besitzt die Stadt noch drei katholische Kirchen und eine Synagoge. Große Bedeutung haben in Reichenbach die Weberei [mit 2.522 Webstühlen], die Spinnerei und die Färberei.

Steinseifersdorf im Eulengebirge. Kirche

Reichenbach und Umgebung

Ausflüge von Reichenbach aus

Von Reichenbach sind schöne Wanderungen durch das Eulengebirge zu unternehmen. Vom Bahnhof sind es 5 km nach Peterswaldau, wo im Restaurant „Schicktanz" vorzüglich gespeist werden kann. Sehenswert ist in Peterswaldau vor allem das malerische Schloss des Grafen Stolberg. Von Peterswaldau wandern wir in etwa einer ½ Stunde zum vielbesuchten Vergnügungsort Steinseifersdorf. Das Gasthaus „Zur Ulbrichshöhe" liegt gleich am Ortsanfang und bietet eine gute Übernachtungsmöglichkeit.

Geht man in Steinseifersdorf oberhalb der evangelischen Kirche aufwärts, ist bald der Schmiedegrund erreicht. Bei dem Dorf Schmiedegrund marschiert man auf der Straße weiter und läuft über Kaschbach zum [10 km von Peterswaldau entfernten] „Gasthaus zu den sieben Kurfürsten" an der Passhöhe der Chausse [750 m ü. d. M.].

Hier zweigt dann links ein markierter Waldweg ab, und wir erreichen nach 1 Stunde den höchsten Punkt des Gebirges, die Hohe Eule [1.014 m], wo ein stattlicher Aussichtsturm wartet.

Eine knappe halbe Stunde entfernt von der Hohen Eule befindet sich der trigonometrische Punkt auf der Kleinen Eule [972 m], wohin ein Abstecher recht lohnend ist. Von dort geht es in einer knappen Stunde zum industriereichen Ort Wüstewaltersdorf hinab.

Wüstewaltersdorf

WÜSTEWALTERSDORF

In Wüstewaltersdorf lädt das Gasthaus „Bei Eichner" zur Einkehr ein. Von dort bestehen zwei Möglichkeiten, nach Wüstegiersdorf zu wandern. Der eine Weg führt durch den Wald über die Kolonien Grund und Kaltwasser in etwa 1 ½ Stunden, die andere Strecke, über Neugericht und Tannhausen entlang der Landstraße nach Wüstegiersdorf, dauert aber eine Stunde länger.

NEURODE

Möchten wir von Reichenbach nach Neurode, muss zuerst der Weg nach Peterswaldau einschlagen werden. Zu Fuß wird dann in einer ¾ Stunde nach Steinkunzendorf gelaufen, wo in die Gasthäuser „Zum Waldschloss" und „Zur Forelle" eingekehrt werden kann.

Neurode

Für nicht ganz so geübte Wanderer wäre es nun sicherer, den weiteren Weg mit einem ortskundigen Führer fortzusetzen. Zuerst steuern wir das eine ¾ Stunde entfernte Kreuz [800 m, der Passhöhe der Chaussee nach Hausdorf – Neurode] an. Anschließend führt der Weg links den Kamm des Gebirges über die Reimskoppe zur Sonnenkoppe [952 m] entlang, an deren südlichem Abhang sich die Felsmasse des Ottensteins [877 m] zeigt. Von der Sonnenkoppe laufen wir über das Bielauer oder Hausdorfer Plänel zur Ascherkoppe [856 m], wo ein Aussichtsgerüst errichtet ist. Darauf geht es wieder zurück zum Plänel und südwestlich auf schönen Waldwegen abwärts zum Tränkegrund. Dem dortigen Forsthaus ist leider kein Wirtshaus angeschlossen und so gehen wir, bevor wir rasten, schließlich noch 1 ¾ Stunden bis Neurode.

Hohe Eule. Bismarckturm

Eulengebirge. Euldörfel

Abstecher von Reichenbach nach Silberberg

Von Reichenbach führt eine Bahnstrecke nach Langenbielau. Für die relativ kurze Strecke von 6 km benötigt der Zug etwa eine ½ Stunde.

LANGENBIELAU

Langenbielau [270 – 440 m ü. d. M.] ist das größte Dorf Schlesiens und besitzt schon vor 1900 mehr als 16.000 Einwohner. Der Ort erstreckt sich 8 km längs des Rotwassers und verfügt über bedeutende Webereien. So war das Dorf Zentrum des 1844 ausgebrochenen schlesischen Weberaufstandes. Den verzweifelten Webern hat Gerhart Hauptmann mit seinem Drama „Die Weber" ein ewiges Denkmal gesetzt.

Von der Station Oberlangenbielau biegen wir links in das Dorf hinein und wandern in diesem eine kurze Strecke aufwärts. Danach folgen wir der Straße nach Volpersdorf – Neurode. Nun geht es durch den Wald nach Tannenberg bis in die Nähe der Passhöhe [Volpersdorfer Plänel, 710 m]. Kurz vor der Höhe führt links der „Friedrichsweg" durch prächtige Waldpartien. Später laufen wir am Hahnvorwerk vorüber und zu den Festungswerken von Silberberg, die in etwa 2 Stunden erreicht sind.

SILBERBERG

Silberberg [390 m ü. d. M.] im Eulengebirge ist eine Stadt im preußischen Regierungsbezirk Breslau, Kreis Frankenstein und besitzt gleich zwei Stationen an der

Eulengebirgsbahn. Im Jahr 1905 leben in Silberberg 1.125 Einwohner [darunter 377 Evangelische]. Neben einer Bierbrauerei bestehen im Ort eine Uhrenfabrik, Wollspinnerei sowie zwei Metallwarenfabriken. Die Gasthäuser „Prinz von Preußen" und „Schwarzer Adler" bieten Quartiere an. Die ehemalige Festung, von Friedrich II. 1765 – 1777 über der Stadt angelegt, ist bereits 1859 wieder geschleift worden.

MIT DEM ZUG VON REICHENBACH NACH FRANKENSTEIN

DIE HERRNHUTERKOLONIE GNADENFREI
Die nächste Station nach Reichenbach ist nach 11 km die Herrnhuterkolonie Gnadenfrei. Der Ort, an der Peilau gelegen, gilt als das längste schlesische Weberdorf. Um 1915 leben hier ca. 930 Einwohner. Von den Gewerbebetrieben ist vor allem die Zigarrenfabrik zu erwähnen.

Aus der Geschichte des Ortes
Am 13. Januar 1743 wird an der Peilau [gleich nach der Erteilung der Generalkonzession durch Friedrich dem Großen] eine Herrnhuter Brüdergemeinde gegründet. Noch im gleichen Jahr beginnen die Bauarbeiten, und schon nach kurzer Zeit kann sich Gnadenfrei die größte Herrnhuter Kolonie in Schlesien nennen. Der Gottesacker liegt südöstlich des Ortes und ist mit diesem durch eine Lindenallee verbunden.

FRANKENSTEIN
Von Gnadenfrei bis Frankenstein müssen 10 Bahnkilometer zurückgelegt werden. Hier bieten die Gasthäuser „Kehre" und „Drei Berge" Unterkunftsmöglichkeiten. Frankenstein [289 m ü. d. M.], am Pausebach gelegen, ist Kreisstadt im preußischen Regierungsbezirk Breslau und liegt an der Staatsbahnlinie Ziegenhals – Raudten. Die Stadt befindet sich in einer der fruchtbarsten Gegenden Schlesiens und ist noch von Mauern umgeben. Sie besitzt 2 evangelische und 3 katholische Kirche. Wegen ihres überhängenden Turmes erregt die katholische Pfarrkirche die größte Aufmerksamkeit. Sehenswert ist zudem das Kloster der Barmherzigen Brüder.

Dicht bei der Stadt, auf dem Schlossberg, erhebt sich eine stattliche Burgruine, die eine schöne Aussicht auf das Eulengebirge und nach Silberberg gewährt. Eine Burg existierte hier wohl schon seit 1300. Erstmals erwähnt wird sie allerdings erst 1376. In der Hussitenzeit wird die Stadt Frankenstein erobert und verbrannt, nur die Burg kann weiter Widerstand leisten. Im Jahr 1646, während des 30jährigen Krieges, wird die Festungsanlage gesprengt.

Im Jahr 1900 beherbergt Frankenstein 7.890 meist katholische Bewohner. An Gewerbebetrieben haben sich neben einer Bierbrauerei, einer Dampfziegelei und Magnesitmühlen auch Fabriken zur Herstellung von Strohhüten, Kunstdünger, Holzzement und Dachpappe angesiedelt.

DURCH DAS GLATZER GEBIRGE

ULLERSDORF

Der Weg von Glatz ins 16 km entfernte Ullersdorf ist eigentlich nicht so interessant. Ullersdorf an der Biele [341 m ü. d. M.] ist ein großes Dorf und Luftkurort mit einem malerischen Schloss und prachtvollen Park des Grafen Magnis im preußischen Regierungsbezirk, Kreis Glatz. Im Jahr 1905 weist der Ort 2.544 Einwohner auf. Ortsansässig ist neben einer Bierbrauerei auch bedeutende Flachsspinnerei.

An der Straße des Ortes ist ein 25 m hoher gusseiserner Obelisk errichtet, der dort 1802 zu Ehren der Königin Luise errichtet worden ist.

KUNZENDORF

Vier Bahnkilometer von Ullersdorf entfernt liegt die Ortschaft Kunzendorf. Auch hier ist ein schönes Schloss mit großartigem Park zu besichtigen. Kunzendorf an der Walditz ist ein Dorf im preußischen Regierungsbezirk Breslau, Kreis Neurode.

Im Jahr 1900 leben 3.112 Einwohner im Ort. Bei Kunzendorf wird Steinkohlebergbau betrieben und Sandstein abgebaut. Außerdem arbeiten die Bewohner in der Baumwollweberei, Dampfmangelei und Ziegelbrennerei.

Bad Landeck

BAD LANDECK

Nach weiteren 8 km erreicht der Zug das Städtchen Landeck [425 m ü. d. M.] an der Biele. Zimmer bieten die Gasthäuser „Blauer Hirsch" und „Deutscher Kaiser" an. Um 1900 besitzt der Ort rund 2.700 Einwohner.

Bad Landeck

Etwa 1 km nördlich des Städtchens befindet sich die Kur- und Kaltwasseranstalt Thalheim. In gleicher Entfernung liegt in südöstlicher Richtung [467 m ü. d. M.] das Bad Landeck.

Bad Landeck ist ein anmutiger Villenort, der für Ausflügler zahlreiche Übernachtungsmöglichkeiten bietet. In den Gasthäusern „Zum Schlössel" und „Düppler Hof" sind Zimmer Z. L. B. ab 1 Mark 50 zu mieten. Ein Mittagessen kostet zwischen 75 Pfennig und 1 Mark 50, ein Frühstück 30 Pfennig. Auch in den Gasthäusern „Merkur", „Weißer Löwe", „Luisenhof", „Deutsches Haus", „Hotel de Silésie", Hotel Bismarck", „Hotel de Pologne" sowie in „Emmas Hotel" sind bequeme Zimmer zu erhalten.

Bad Landeck wird jährlich von zahlreichen Sommerfrischlern und etwa 4.000 Kurgästen besucht. In Bad Landeck wird Kurtaxe erhoben. Pro Person sind 12 bis 20 Mark, pro Familie zwischen 20 und 45 Mark zu entrichten. Die Saison dauert vom 1. Mai bis zum 30. September.

Bad Landeck. Kaufmännisches Erholungsheim „Hindenburg"

Die warmen Quellen von Bad Landeck sind bereits seit dem 13. Jahrhundert bekannt. Die Wiesenquelle [27° C] und die Mariannenquelle [20° C] dienen zum Trinken, die Georgenquelle [29° C] und die Marienquelle [28,5° C] zum Baden. Die Badeanstalten gruppieren sich um den schönen Kurpark. Im Süden davon befindet sich das Georgenbad, im Norden das Marienbad – ein eleganter Kuppelbau mit einer Inhalationshalle. Wenige Schritte nördlich der Halle liegt das Steinbad mit den Moorbädern. Etwas weiter nördlich davon sind die Trinkquellen.

Ausflüge in die Umgebung

Bereits nach zehn Minuten ist zu einem unter schönen Tannen liegenden Waldtempel zu gelangen, wo auch ein gutes Restaurant seine Dienste anbietet.

Eine ½ Stunde von Landeck entfernt liegt der Schollenstein. Für einen Abstecher zum Hohenzollern muss der Wanderer die doppelte Zeit einplanen, wird aber mit einer herrlichen Aussicht auf die Umgebung für die Mühe entschädigt. Eine noch bessere Aussicht bietet der Dreiecker, der von Landeck in etwa 1 ¼ Stunden erreicht ist. Nicht weit entfernt davon ist die malerisch gelegene Ruine Karpenstein zu besichtigen.

Einen schönen Blick über Landeck selbst gewährt der nahe Galgenberg wie auch der etwas weiter entfernte Überschaar, ein eindrucksvollen Basaltfelsen. Auch von der Harthe besteht ein guter Blick auf die Stadt.

Bad Landeck. Steinbad

Mit einem Wagen ist in etwa 4 Stunden zum Wölfelsgrund zu gelangen. Ein Zweispänner kostet für diesen etwas größeren Ausflug 15 Mark.

Zum Schneeberg

Von Landeck marschieren wir auf der Landstraße weiter. Zuerst geht es 1 Stunde im Bieletal aufwärts nach Seitenberg, wo im „Nassauer Hof" gute Übernachtungsmöglichkeiten bestehen. In Seitenberg besitzt der Prinz von Preußen einen Landsitz. Für Besucher geöffnet ist die Fischzuchtanstalt.

Von Seitenberg wird in einer ½ Stunde zu den Marmorbrüchen am Kreuzberg gelaufen. Hier angekommen, führt der Weg hinab in den Klessengrund und danach durch das recht ärmliche Dorf gleichen Namens bis zur Försterei, wo leider kein Restaurant angeschlossen ist.

Bad Landeck mit dem Schneeberg und Schwarzen Berg

Von der Försterei laufen wir durch prächtigen Tannenhochwald bis zur „Schweizerei" am Schneeberg. Das Wirtshaus wird in Reiseführern mit „recht ordentlich" bewertet. Auch kann hier übernachtet werden. Der Gipfel des Schneeberges [1.424 m] liegt ca. 200 m über der Schweizerei, wo die Grenzen der Grafschaft Glatz, der Markgrafschaft Mähren und des Königreichs Böhmen zusammenstoßen. Ganz in der Nähe entspringt die March, die Neiße ebenfalls nicht weit entfernt bei den Klappersteinen.

Die Wanderung führt nun von einem Wegweiser [eine $^1/_4$ Stunde von der Schweizerei entfernt] westlich eine ½ Stunde die Bergwand hinab in den oberen Wölfelsgrund. Geht man noch eine ½ Stunde hinab, vereinigt sich mit diesem ein zweites nördlicheres Tal.

Von der Schweizerei aus ist in etwa 1 ½ Stunden auch der in einer Klamm gelegene schöne Wölfelsfall zu bestaunen. Die Wölfel stürzt etwa 25 m tief in einen engen Kessel, aus welchem sie in tiefer Schlucht in die Ebene fließt. Vom „Gasthaus zur guten Laune" führt eine Brücke und Treppe zum Wasserfall. Direkt dem Wasserfall gegenüber ist das „Hotel zum Wölfelsfall" gebaut.

Wölfelsgrund.
Absteige-Quartier Sr. Kgl. Hoheit des Prinzen Albrecht von Preußen

Vom Hotel besteht die Möglichkeit, mit dem Wagen in 1 ½ Stunden über Wölfelsdorf nach Habelschwerdt zu fahren.

Wir aber nehmen gern einen Umweg in Kauf und wandern nördlich über die vielbe-suchte, auf einem scharfen Bergrücken gelegene Wallfahrtskapelle Maria Schnee [der „Spitzige Berg"] und kehren in „Schindlers Gasthaus" ein. Eine umfassende Rundsicht bietet das oberhalb der Kapelle gelegene Aussichtsgerüst. Der Schlüssel dazu ist vom Kapellendiener zu erhalten.

Wölfelsgrund. Hotel „Gute Laune" mit den Forellenteichen

Von der Kapelle leitet der Weg steil bergab, und weiter auf Feldwegen immer in Richtung auf das gräfliche Althannsche Schloss in Wölfelsdorf zu. Von dort stehen zwei Strecken zur Verfügung: Die eine führt in 1 Stunde direkt nach Habelschwerdt, die andere quer über die Chaussee von Habelschwerdt nach Mittelwalde und Bad Langenau.

VON GLATZ NACH NACHOD

Von Glatz bis Nachod sind es etwa 45 km. Zunächst nehmen wir den Zug ins 20 km entfernte Rückers. Die Fahrt dauert etwa 1 Stunde und kostet je nach Klasse zwischen 80 Pfennig und 1 Mark 20.

Bad Altheide. Blick zum Eisenhammer

Die Bahn überschreitet die Neiße und wendet sich über das 7 km entfernte Niederaltwilmsdorf dem Tal der Reinerzer Weistritz zu. Nach weiteren 7 km erreicht der Zug Altheide [380 m ü. d. M.], wo im „Gasthaus zum grünen Wald" Quartier genommen werden kann. In Altheide besteht ein kleines Bad mit Eisensäuerling.

Die Blütezeit von **Altheide** beginnt ab 1904, als der Breslauer Brauereibesitzer Georg Haase das Bad erwirbt und gleichzeitig die Aktiengesellschaft Badeverwaltung Altheide AG gründet. Durch die nachfolgende Bautätigkeit erwächst das Dorf zu einem modernen Kurort. Mit der Stromversorgung, dem Straßen- und Wegebau, der Anlage von Wanderwegen und dem Bau von Sportstätten werden neue Arbeitsplätze für die einheimische Bevölkerung geschaffen und führen zu einem gewissen Wohlstand.

Bad Altheide. Das Wiesental

Bad Altheide. Kurhaus mit Wandelhalle

Bad Altheide. Kurhaus

REINERZ UND BAD REINERZ

Für die nächsten 5 km bis Stadt Reinerz kann der Reisende dann in die Post umsteigen. Die Post verkehrt zwischen Rückers und Stadt Reinerz zwei Mal täglich und benötigt für diese Strecke rund ¾ Stunde.

In Reinerz ist am Markt in den Gasthäusern „Schwarzer Bär" und „Deutsches Haus" zu übernachten. Das Städtchen weist um 1900 ca. 3.100 Bewohner auf. Die katholische Kirche besitzt eine sehenswerte Kanzel in Form eines Wals, der den Jonas verschlingt. Die Landstraße und eine schöne Allee führen von der Stadt Reinerz zum 1 ½ km entfernten Bad Reinerz.

In Bad Reinerz [556 m ü. d. M.] bieten das Gasthaus „Germania" sowie zahlreiche Logierhäuser Zimmer an. Der Kurort kann acht alkalische, kohlensäurereiche Eisenquellen vorweisen, die bei Blutarmut, Unterleibskrankheiten und Nervenkrankheiten Anwendung finden. Schon vor 1900 besuchen jährlich rund 3.800 Kurgäste das Bad, dessen Badeeinrichtungen sehr gut sind. Eine Familie hat 25 Mark Kurtaxe zu entrichten.

Der Kurort verfügt über viele schöne Promenaden, von denen sich interessante Ausflüge in die reizende Umgebung anbieten. Nach Eisenschmelz, wo in einem Restaurant

Bad Reinerz

Bad Reinerz. Blick ins Schmelzetal

Bad Reinerz. Laue Quelle

Bad Reinerz. Bade- und Palmenhaus

eingekehrt werden kann, dauert ein Spaziergang etwa eine ½ Stunde. Zum Hummel hinauf, wo noch stattliche Reste eines alten Schlosses stehen, benötigt man von Bad Reinerz gut 1 ½ Stunden. Fast ebenso lang dauert ein Ausflug zum Goldbacher Felsen. Recht beschwerlich dagegen ist der Marsch auf den 803 m hohen Ratschenberg.

In 1 Stunde ist von Bad Reinerz auch zum Schwarzen Kreuz auf der österreichischen Grenze zu gelangen. Von hier aus sind es nur 10 Minuten bis zur „Schnappe", ein Weinhaus und Restaurant auf böhmischer Seite. Vom Weinhaus läuft man etwa 1 Stunde bis zur Hohen Mense [1.048 m]. Auf dem Gipfel befindet sich ein trigonometrischer Signalturm, der eine weite Sicht nach Böhmen hinein gewährt. Im dortigen Restaurant kann auch übernachtet werden.

Von der Stadt Reinerz fährt die Post im Sommer zweimal täglich ins 9 km entfernte Lewin, wofür etwa 1 ½ Stunden einzuplanen sind. Lewin [421 m ü. d. M.] ist ein freundliches preußisches Grenzstädtchen, wo in den Gasthäusern „Deutscher Adler" und „Schmidt" Zimmer angeboten werden.

Von Lewin fährt einmal täglich die Post über die österreichische Grenze ins 11 km entfernte Nachod und benötigt dafür 1 ½ Stunden.

Bad Reinerz. Neue Villenstraße

Bad Reinerz. Neue Schmelze

Von Nachod nach Kudowa

Nachod

Die Strecke führt über Märzdorf, Barzdorf und dann vor Scheibau über die preußische Grenze nach Wünschelburg am Kaltwasser, wo am Ring die Gasthäuser „Schwarzer Adler" und „Nitsche" Quartiere bieten. Ganz in der Nähe von Wünschelburg befindet sich die Ortschaft **Albendorf**, der besuchteste Wallfahrtsort der gesamten Grafschaft.

Der Legende nach soll die Marienwallfahrt in das 13. Jahrhundert zurückreichen, ist jedoch erst Anfang des 16. Jahrhunderts bezeugt. Die jetzige barocke Wallfahrtskirche „Mariä Heimsuchung" hat 1716–1721 der Grundherr Graf Franz Anton von Götzen gestiftet. Man gelangt zu ihr über eine breite Treppe mit 33 Stufen. Mittelpunkt der Kirche ist die ovale Gnadenkapelle mit dem barocken Hochaltar, dem über dem Tabernakel ein kleiner Schrein mit der gotischen Figur der Hl. Mutter Gottes von Albendorf eingefügt ist

Eine malerische Chaussee, an der sich die „Wirtschaft zum grünen Walde" befindet, biegt kurz Wünschelburg in westlicher Richtung ab und steigt langsam die Abhänge der Heuscheuer hinauf. Nach links bietet sich eine weite Sicht in das Land. Von der Höhe führt ein Weg in 2 Stunden nach Carlsberg am südlichen Fuß der Großen Heuscheuer entlang. Ausflügler können in den Gasthäusern „Zur Heuscheuer", „Post" und „Hauck" Quartier nehmen. Von Carlsberg, z. T. über Stufen, ist in einer ¾ Stunde der Gipfel erstiegen.

Albendorf. Die Gnadenkirche

Albendorf mit Blick zur Heuscheuer

Ober-Kudowa. An der Heuscheuer Straße mit dem Weg zum Forsthaus

DAS HEUSCHEUERGEBIRGE

Das Heuscheuergebirge liegt zwischen Wünschelburg im Norden und Reinerz im Süden. Es gehört zu den meistbesuchten Gebieten der Grafschaft Glatz. Im Gegensatz zum Glatzer Schneeberg, ein fast alpin anmutender Gebirgsstock, sind die übrigen Gebirge, auch der größte Teil des Heuscheuergebirges, langgestreckte und breite Waldgebirge.

Die Heuscheuer mit dem „Eberkopf"

Die höchste Erhebung des Heuscheuergebirges allerdings, die Heuscheuer, ist ein großartiges Felsenlabyrinth. Auf dem Hochplateau des Leierberges ist das Dorf Carlsberg [benannt nach Karl IV.] erbaut.

Die Heuscheuer Wasserfälle

Heuscheuer. Belvedère

Heuscheuer. Der Großvaterstuhl

Die Heuscheuer ist ca. 910 m hoch und erhebt sich rund 150 m über die Hochebene des Leierberges. Oben auf dem Gipfel steht das „Schweizerhaus", wo neben einer Mahlzeit auch ein Nachtquartier zu bekommen ist.

Die verschiedenen Felsgebilde der Heuscheuer tragen alle eigene Namen. Für die Erkundung des Felsenlabyrinths ist ein Führer notwendig, der für eine zweistündige Wanderung [bei 1 bis 2 Personen] 50 Pfennig erhält. Gepäckträger berechnen bis 15 kg 50 Pfennig, für schwereres Gepäck 1 Mark.

Der höchste Punkt der Heuscheuer ist der Großvaterstuhl [920 m], ein zu einem Sitz ausgehöhlter Felsen. Gleich daneben befindet sich ein Belvedère mit schöner Aussicht.

Eine interessante Wanderung führt von Carlsberg westlich zu den etwa 1 ½ Stunden entfernten Wilden Löchern, einer zerklüfteten, von Wasser unterspülten Felsenlandschaft in der Nähe des Dorfes Bukowine.

BAD KUDOWA
Die Straße von Carlsberg zum 2 ½ Stunden entfernten Kudowa führt ziemlich steil bergab. Kudowa [388 m ü. d. M.] ist ein hübscher Badeort, der schon vor 1900 jährlich von 1.200 Kurgästen aufgesucht wird.

Bad Kudowa. Heuscheuer-Straße mit Tal zum Forsthaus-Restaurant

Bad Kudowa

Die hier sprudelnden kohlensäurereichen alkalischen Eisenquellen werden besonders zum Baden, aber auch zum Trinken genutzt. Die Saison dauert vom 1. Mai bis Ende Oktober. Ein Familienoberhaupt hat pro Woche 6 Mark Kurtaxe zu entrichten, für jedes weitere Familienmitglied [außer Kindern] wird 1 Mark zusätzlich verlangt.

Bad Kudowa. Charlottenbad

Von Kudowa sind viele schöne Ausflüge zu unternehmen. Ganz in der Nähe erheben sich der Kapellenberg und der Schlossberg. Für einen Besuch des Rabenberges und des Belvedères hingegen ist eine volle Stunde einzuplanen.

Aus der Geschichte von Bad Kudowa

Große Verdienste um die Entwicklung Kudowas erwirbt sich Dr. Amand Ferdinand Nentwig, der seit 1844 als Bade- und Brunnenarzt hier tätig ist. Wegen der vorbildlichen Leitung des Lazaretts, das während des Deutschen Krieges von 1866 in Kudowa für die Verwundeten der Schlacht bei Nachod eingerichtet worden ist, erhält er den Königlichen Kronenorden. Nachdem der Badearzt Dr. Jacob auch Herzkranke mit natürlichen kohlensauren Bädern der hiesigen Quellen erfolgreich behandelt, wird es um 1870 als „Herzheilbad Kudowa" über Deutschland hinaus bekannt und von vielen ausländischen Kurgästen aufgesucht. Mit der Eröffnung der Heuscheuerstraße 1871 nimmt auch der Fremdenverkehr deutlich zu.

Im Jahr 1904 zählt Kudowa 792 Einwohner. Mit der Eröffnung der Bahnstrecke Glatz – Kudowa – Sackisch 1905 wächst die Zahl der Erholungssuchenden nochmals.

Bad Kudowa. Blick auf den Kurpark

Kudowa. Der Kurplatz mit der Wandelhalle

Bad Kudowa. „Fürstenhof"

Bad Kudowa. Partie im Kurpark am Charlottenbad

Bad Kudowa. Dornikauer Schlucht

Bad Kudowa vom Schweinerücken-Berg aus gesehen

DAS NIEDERE GESENKE

Das Niedere Gesenke ist eine weite Hochebene, auf der sich breite Bergrücken hinzie-hen. Eine Gipfelbildung allerdings fehlt hier meist. Von den wenigen Kuppen besteht jedoch eine herrliche Aussicht auf das Umland.

Das Hochland des Gesenkes durchschneiden zahlreiche Flüsse. Besonders die Täler der Oder, der Oppa und der Mohra sind hier zu nennen, in die man abwechslungsreiche Ausflüge unternehmen kann.

DIE ODERQUELLE
Im Niederen Gesenke entspringt auch die Oder, die danach ganz Schlesien von Südos-ten nach Nordwesten durchströmt. Die Oderquelle befindet sich „Am schönen Ort", einer mit Buchen bestandenen Hochfläche [634 m].

ZIEGENHALS
Unsere beeindruckende und nostalgische Reise durch die schlesischen Gebirge endet in dem kleinen Städtchen Ziegenhals [Niederes Gesenke], das mit der Bahn [preußische Staatsbahn von Liegnitz nach Cosel] von Frankenstein aus zu erreichen ist. Zuerst fährt man 65 km bis Deutsch-Wette und von dort die letzten 6 km mit der Zweigbahn bis Ziegenhals.

Ziegenhals. Sanatorium Waldfrieden

Ziegenhals. Waldteich

Ziegenhals und Umgebung

Ziegenhals [275 m ü. d. M.] ist eine Stadt im preußischen Regierungsbezirk Oppeln [Kreis Neiße]. Das als Sommerfrische beliebte Städtchen besitzt im Jahr 1905 8.673 meist katholische Einwohner. Neben einer katholischen Kirche existiert in Ziegenhals auch ein evangelisches Gotteshaus. Preußen unterhält in Ziegenhals ein Nebenzollamt, Österreich sogar ein Hauptzollamt. Arbeit finden die Menschen in Zellulose-, Wollwaren-, Zwirn- und Maschinenfabriken.

Ganz in der Nähe von Ziegenhals gewährt der Aussichtsturm auf dem Holzberg einen herrlichen Blick auf die Umgebung. Außerdem bieten sich von Ziegenhals auch Ausflüge in das oberschlesische Bergland auf der linken Oderseite an.

Wer etwas länger in Ziegenhals verweilen möchte, kann mit der Bahn auch das nahegelegene Jägerndorf, im östereichischen Schlesien, besuchen und von dort nach Troppau oder Olmütz fahren.

DIE BISCHOFSKOPPE
Die Bischofskoppe [890 m] ist ein Grauwackenkegel, der sich im Norden bis an die schlesische Grenze bei Ziegenhals heranschiebt. Sie fällt zur preußischen Seite steil ab und gewährt einen faszinierenden Blick über die Oberschlesische Ebene bis hin zu den Karparten.

Ziegenhals. Das Felsentor

DAS HOHE GESENKE

Im Altvatergebirge, das nach seinem höchsten Berg, dem Altvater [1.490 m], im Süden des Gebirges benannt ist erreichen 56 Gipfel Höhen von über 1.000 m ü. d. M. Lange Zeit waren die unzugänglichen Gebirgsgebiete kaum bewohnt. Eine umfangreichere Besiedelung des Altvatergebirges erfolgt zunächst im Mittelalter durch Kolonisten aus Schlesien.

In den nach Nordosten sich erstreckenden Faltenverläufen finden sich hin und wieder graue Marmore, die Gegenstand von Abbauaktivitäten zum Zwecke der Kalk- und Steingewinnung sind.

Von weiterer Bedeutung im Gesamtaufbau ist das sogenannte Friedeberger Granitmassiv im nordwestlichen Gebirgsteil und den Übergang zum Reichensteiner Gebirge bildet.

Im Norden grenzt das Altvatergebirge an das Oberschlesische Becken. Im Westen wird es von den Bergketten des Adlergebirges begrenzt. Im Osten und Südosten schließt sich das Gebiet vom Niederen Gesenke an. Im Süden besteht Kontakt zum auslaufenden Karpaten-Vorgesenke

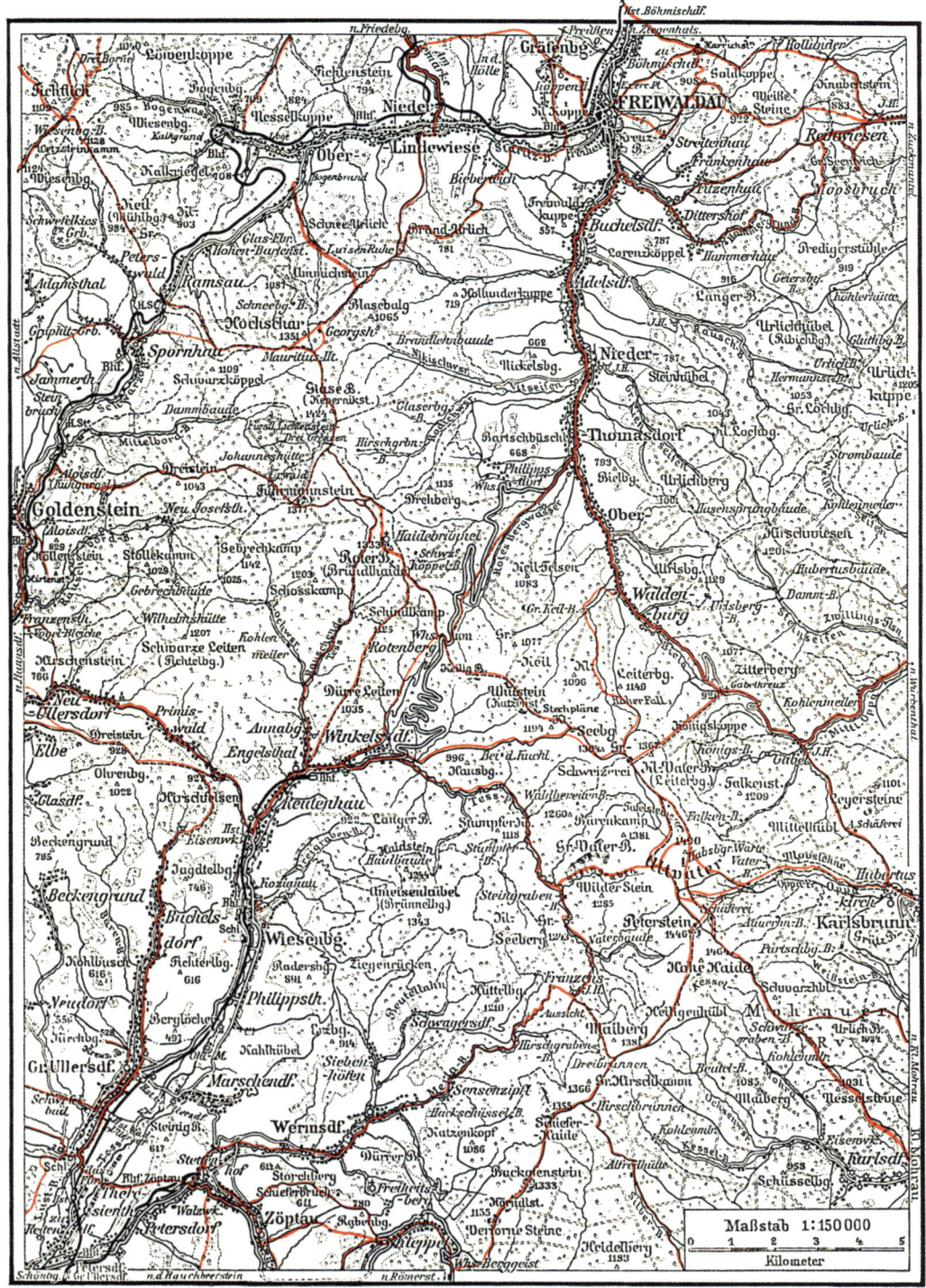

Maßstab 1:150000

0   1   2   3   4   5

Kilometer

Touristenwege.

Karte vom Altvatergebirge

Schneegrubenbaude i. Rsgeb.

1490 m ü. M. — Auch im Winter geöffnet

44 gut ausgestattete Fremdenzimmer

Logis pro Bett von 1,50 Mk. an

Saal — Grosse Veranda — Restauration

Von 12—3 Uhr Diner à part

Aussichtsturm mit großartiger Rundsicht

Sonnenaufgang

Elektrisches Licht. Elektrischer Scheinwerfer. Zentralheizung.
Öffentliche Fernsprechstelle und Telegraphenamt.

Tägliche Postverbindung

Richard Greulich.

Hotels auf der Schneekoppe

Deutsches u. Österreichisches Post- u. Telegraphenamt

Logis: Bett 2 Mk., Ostseite 2,50 Mk.

Zur gefälligen Beachtung: Telegraphische Zimmerbestellungen finden **nur** Berücksichtigung, wenn das Telegramm den vollständigen Namen und die genaue Wohnungsangabe des Bestellers enthält. Fehlt besondere Bemerkung über die Stunde der Ankunft, so wird über die reservierten Zimmer, die bis 9 Uhr abends nicht bezogen sind, anderweitig verfügt. **Ist am Tage die Flagge gehißt und zeigt sich am Abend die Laterne mit rotem Licht, so gilt dies als Zeichen, daß das Nachtquartier auf der Koppe vergeben ist.** *E. Pohl, Koppenwirt.*

NB. Für Postkartensammler zur Nachricht, daß jede bei mir gekaufte Ansichtspostkarte den Stempel trägt:

„Diese Karte ist auf der Schneekoppe gekauft. Emil Pohl, Schneekoppenwirt".

Schreiberhau (Riesengebirge)

Wein-Stuben

der Weingroßhandlung

MAX SCHLICKER, Schreiberhau

Vorzügliche Küche. Diners und Soupers. — Weine zu billigsten Preisen.
Angenehmer Aufenthalt. Glasveranda. Fernsprecher Nr. 9.

Anzeigen in einem alten Reiseführer aus dem Jahr 1906

Sanatorium Schreiberhau (Riesengebirge)

Bahnstation Ober-Schreiberhau (Hauptbahnhof)

Herrliche **Wald- und Höhenluft.** Geschützte Lage. Milde Wasserkur. Dampf- und Heißluft- sowie Medizinalbäder. **Luft-, Sauerstoff-** und Sonnenbäder. **Magnetische** und elektrische Bestrahlung. **Lichtbäder.** Massage in jeder Form. Heilgymnastik. **Wechselstrombäder. Diät-kuren** (Magenleiden, Fettsucht, Gicht, Zuckerkrankheit). Aller Komfort. **Zentralheizung.** Liegehalle. Winterluftbad. Prospekt gratis und franko.

Dirig. Arzt **Dr. med. Felix Wilhelm,**
früher Assistent bei Dr. Lahmann.

Schreiberhau (Riesengebirge)
PENSION BRUNNENQUELLE

Das ganze Jahr geöffnet. 45 Zimmer mit elektrischem Licht. Vorzügliche Verpflegung. Fernsprecher Nr. 27. *Vor- und Nachsaison ermäßigte Preise.* **Frau Marie Naphtali.**

Mittel-Schreiberhau (Riesengebirge)
PENSION HOCHSTEIN

5 Min. vom Bahnhof. Familienpension für jede Zeitdauer. Nachtlogis für Touristen. Staubfreie Lage. 12 Morgen großer Park, anschließend an Wald. Pension für junge Damen. Pension einschl. Zimmer 3,50, 4 u. 4,50 Mk. pro Tag.

Schreiberhau-Marienthal (Riesengebirge)
Landhaus Marie-Elisabeth

Christliche Pension für Familien sowie einzelne Damen und Herren. *Sommer und Winter geöffnet.* **E. v. Skal.**

Schreiberhau-Marienthal (Riesengebirge)
Gasthof zum Zackenfall

Altrenommiertes Haus. Nahe dem Wald. Neu erbautes Logierhaus mit Balkon. **40 Zimmer** mit allem Komfort eingerichtet. Bäder im Haus, großer Saal mit Garten. **Ausgezeichnete Küche.** Vorzügliche Betten. Pension. Mäßige Preise. Fernsprecher. Elektr. Licht. Omnibus am Bahnhof Ober-Schreiberhau. Besitzer: **Julius Liebig.**

Schreiberhau (Riesengebirge)
Hotel Josephinenhütte

Inhaber: *Paul Scholz*

5 Min. vom Bahnhof *Josephinenhütte.* Herrl. Lage inmitten dichter Nadelwaldung, vollständig staubfrei. Großer Garten mit Kolonnade u. Musikhalle. **Sammelplatz aller Fremden.** Hauptaufstieg nach d. Hochgebirge, Zackelfall u. -Klamm. *Vorzügl. Restauration bei mäß. Preisen.* Bei günstig. Wetter findet in der Hochsaison jed. Donnerstag **großes Militärkonzert** statt. Fremdenzimmer für Touristen sowie auch für läng. Aufenthalt. Station für Gebirgsführer, Stuhlträger, Reitpferde u. Hörnerschlitten. Garage. *Fernspr. Nr. 28.*

Anzeigen in einem alten Reiseführer aus dem Jahr 1906

Schneekoppe bei Nacht